어나더 로드
ANOTHER ROAD

어나더 로드

초판 1쇄 2022년 2월 25일

지은이 신규빈
펴낸이 김채민
펴낸곳 힘찬북스

출판등록 제410-2017-000143호
주소 서울특별시 마포구 망원로 94, 301호
전화 02-2272-2554
팩스 02-2272-2555
이메일 hcbooks17@naver.com

ISBN 979-11-90227-21-6 03190

값 15,000원

ANOTHER
어나더 로드

정해진 길을 벗어난 20대들의 새로운 성공방식

ROAD

HC books

처음부터 겁먹지 말자.

막상 가보면 아무것도 아닌 게 세상엔 참으로 많다.

첫걸음을 떼기 전에 앞으로 나갈 수 없고 뛰기 전엔 이길 수 없다.

너무 많이 뒤돌아보는 자는 크게 이루지 못한다.

－요한 폰 쉴러(Johann Christoph Friedrich von Schiller, 1759~1805)

프롤로그

정해진 길 말고,
내 맘대로 잘 먹고 잘사는
또 다른 길은 없을까?

'의대생'. 이 세 글자를 보면 무엇이 떠오르는가? 멋있는 해부학책을 들고 도서관에서 밤새 공부하는 모습? 엄마 말 듣고 공부밖에 안 해서 세상 물정 모르는 범생이?

나는 그 의대생이다. 한국에서 의대생이라는 세 글자는 큰 관심의 대상이다. 유튜브를 보면 의대생이라는 제목 하나로 조회수가 확 올라가고는 한다. 평소에도 내가 의대생이라는 사실을 밝히면 사람들의 시선이 바뀌는 것을 종종 느낀다. 수험생들에게는 선망의 대상, 학부모들에게는 간절한 바람이 되기도 하고 또래 친구들에게는 부러움의 대상이 되기도 한다. 어떤 사람은 의대만 가면 모든 고민이 사라질 거라고 말한다.

의대생이라며 대단하게 보는 시선은 부담되기도 좋기도 하다. 누군가가 나를 대단하게 봐준다는 건 기쁜 일이다. 하지만 미래에 대한 고민을 털어놓을 때는 달랐다. 고민을 이야기하려는데 '너는 의대 다니는데 뭐가 고민이야'와 같은 말을 들으면 가슴이 답답해졌다.

나는 의대생이지만 미래에 대한 고민이 많았다. 돈도 명예도 보장되는 의사를 하면 되지 뭐가 고민이냐고? 의사를 하고 싶은 마음이 없었다. 마음속에 조금 다른 삶에 대한 열망을 품고 있었다. 의사가 하고 싶지 않은 의대생. 이제 내가 하게 될 이야기다.

정신없이 공부만 하다 보니 어쩌다 의대생이 되어있었다. 하지만 내가 원하던 부, 자유, 행복은 보이지 않았다. 지금까지 내가 진정으로 원하는 일이 무엇인지도 모른 채 경쟁을 해왔는데 앞으로의 미래도 똑같아 보였다. 더 높은 학점을 받고, 더 높은 학점, 더 좋은 병원, 더 많은 돈을 위한 이유 모를 경쟁. 더 이상 정해진 길만 따라가기 싫었다. 그러다 책을 써보겠다는 무모한 도전을 하게 되었다. 자신만의 길을 걷는 의대생을 찾아가 인터뷰를 했다.

2년 동안 3억을 모은 주식 고수 A. 억대 매출을 올린 00년생 사업가 B. 원격진료라는 새로운 길을 개척하는 스타트업 대표 C. 그리고 의대를 포기하고 고졸로 살아가는 프리랜서 D.

인터뷰를 하면서 세상을 바라보는 태도가 완전히 달라졌다. 삶에 대한 의욕이 없어 괴로워하던 내가, 다시 꿈을 꾸게 되었다. 과감하게 의대를 휴학하고 사업을 시작했다. 부, 자유, 행복을 모두 가질 수 있는 길을 찾았다. 그 과정을 모두 책에 담았다.

우리는 지금껏 공부를 열심히 해서 좋은 직업을 갖고 영혼 없이 일하는 방식을 요구받아 왔다. 하지만 사회는 변화했고 더 이상 그러지 않아도 된다. 또 다른 길이 있다. 이 책에는 아무것도 없는 20대 대학생들이 각자의 성과를 이룬 과정이 처음부터 끝까지 나와 있다.

주식으로 돈을 벌기 위해 무엇을 해야 하는지, 사업은 어떤 것이고 기술과 자본 없이 어떻게 시작할 수 있는지, 세상을 바꾸는 혁신을 위해서는 무엇이 필요한지, 어떻게 주위에 흔들리지 않고 나의 삶을 살 수 있는지 말이다.

나처럼 정해진 삶에 만족하지 못하고 더 높은 무언가를 원하는 이들이 읽으면 좋겠다. 아무것도 없는 20대 대학생들이 성과를 이룬 과정을 처음부터 끝까지 읽어보며 새로운 성공방식을 깨달아라. 몰랐던 세상을 접하며 고정관념이 사라지고, 어떠한 구체적인 노력을 해야 하는지 알게 될 것이다.

그리고 내가 그랬듯, 스스로 원하는 길을 깨닫고 그 길에 도전하게 되리라 생각한다.

차 례

03 사업의 가치 - B와의 인터뷰 · 095

06 지금의 내가 성공한 나에게 - 나와의 이너뷰 · 249

01 이 길이 옳은 길일까?
나

#공부 잘하는 #의대생

#해보고픈_것만_떠다니는 #내가_행복한

#진정_원하는 #미래를_이루는_빠른_길

어쩌다 의대생

스무 살까지, 대학을 가기 위해 살아갔다. 초등학교 때부터 학교 시험, 학원 공부에 치이며 살았다.

학원 숙제를 하고 학교 시험을 준비하면 하루가 거의 다 갔다. 공부하는 게 엄청나게 싫지는 않았다. 시험을 잘 보면 사람들이 칭찬을 해주고, 부러워했다. 100점이라는 점수를 보면 기분이 좋았다. 그 100점을 맞기 위해 열심히 공부했다. 어느 순간 내 앞에는 항상 '공부를 잘하는 아이'라는 말이 따라붙게 되었다. 그 말을 잃고 싶지 않아서 더 열심히 공부했다.

중학교 때도 비슷했다. 중학생이 되니 다니던 수학학원에서 특목고를 준비해보라고 제안했다. 특목고가 무엇인지는 잘 몰랐지만 멋있어

보였다. 서울대에 들어가기 쉽다고 하고, 친구들도 다 좋은 고등학교에 가고 싶어 했다. 특목고 준비반에 들어가서 학원에서 아침 10시부터 새벽 1시까지 수업과 자습을 반복했다. 이 이야기를 하면 경악을 하는 경우가 많은데 대치동 학원가에서는 자연스러운 일이다. 주위에 친구들도 다 함께 있으니 그렇게 공부를 하는 게 당연하게 느껴졌다. 특목고나 좋은 대학을 가고 싶은 명확한 이유가 있는 건 아니었다. 막연하게 그냥 성공하고 싶고 멋있는 사람이 되고 싶었다. 그러려면 일단 좋은 학교를 가야 된다기에 열심히 공부했고, 결국 원하던 특목고에 가게 되었다. 정리하면 그냥 공부 기계로 살았다는 내용이다.

그렇게 공부만 하고 살았는데, 고등학교에 입학하니 나더러 진로를 정하란다. 수시로 대학을 가려면, 생활기록부를 미리 학과에 맞게 작성해야 하기 때문이다. 이과였기 때문에 선택지는 자연대, 공대, 의대 정도가 있었다. 딱히 가고 싶은 과가 없었다. 아니, 공부만 시켜놓고 무슨 진로를 정하라는 건가 싶었다. 하지만 훗날 고3 때 자소서를 잘 작성하기 위해서는 일찌감치 진로를 정해 '스토리'를 만들어야 한다. 어느 학과든 정해야 되기 때문에 좋아하는 일을 생각해봤다. 내가 좋아하는 일은 상상하기였다. 공상과학에 나올법한 말도 안 되는 일들을 상상하는 게 좋았다. 순간이동이나 텔레파시가 가능한 세상을 상상하기 따위의 일 말이다. 그래서 처음에는 그런 기술을 구현하게 해주는 물리학에 관심을 가졌다. 그런데 물리를 배워보니 내 기대와는 다른 이해할 수 없는 복잡한 수식들이 가득했다. 더 최악인 건, 그 수식들을 쉽게 풀어내는 천재 친구들이 있었다. 포기했다. 다음으로는 뇌 과학에 관심이 생겼다. 생각과 감정을 느끼게 해주는 뇌의 정체를 파헤치는 게 재미있어 보였다. 그래서 뇌 연구원을 나의 진로로 결정했다.

하지만 대한민국에서 순수과학의 환경은 좋지 못했다. 근무환경도 열악하고, 수입도 불안정하다는 이야기가 많았다. 주위의 어른들은 차라리 의대에 가서 연구를 하라며 나를 말렸다. 처음에는 의대를 가라는 말에 거부감이 있었다. 하고 싶은 일을 포기하고 돈만 좇으라는 소리로 들렸다.

그렇지만 힘든 환경에서 평생 일할 정도로 연구원을 하고 싶은 건 아니었다. 그래서 일단 의대를 선택했다. 의사가 되면 돈 걱정은 안 해도 되겠지. 의대 가서 연구하고 싶으면 연구하고, 다른 일이 하고 싶으면 그때 가서 다른 일을 하면 되지. 이런 희망에 부푼 생각을 갖고 의대에 진학했다.

의대생의 현실

그렇게 의대에 오면 걱정이 없어질 거라고 생각했다. 의대에 가서 순조롭게 의사가 되고 괜찮은 삶이 보장될 거라고. 괜찮은 수입으로 꿈도 이루면서 살 수 있을 거라고. 일단 의사가 되고 보자고. 하지만 나를 기다리고 있는 미래는 달랐다. 앞으로 내가 겪어야 할 현실에 대해서 자세히 알게 되었다. 의과대학의 수업은 쫓아가기만 해도 힘들고, 그 이후의 수련 과정은 더 힘들고, 의사의 삶도 쉽지 않았다. 의사를 하면서 다른 일도 여유롭게 즐긴다는 건 꿈같은 이야기였다.

의과대학의 커리큘럼은 예과 2년, 본과 4년으로 이루어져 있다. 예과 때는 기초 과목이나 교양 수업을 듣는다. 처음 입학하면 선배들이 예과 때는 무조건 많이 놀아야 한다는 말을 귀에 못이 박이도록 한다.

예과 2년 동안은 학점에 신경 쓰지 않아도 되기 때문이다. 단, 본과 4년 동안은 각오해야 한다. 공부 기계로 살아온 의대생들도 두손 두발을 다 들게 되는 진짜 의대가 시작된다. 한 학기에 약 15번의 시험을 치르는데, 시험 범위로는 시험 한 과목에 천장에 닿는 PPT를 외워야 한다. 이 양의 PPT를 공부하다 보면, 아무리 봐도 봐도 처음 보는 내용이 생기는 기적을 맛볼 수 있다.

만약 하나의 시험이라도 망치면 유급을 하게 된다. 지금까지 다녔던 학기를 한 번 더 경험해야 하는 것이다. 유급이라는 공포 속에서 떨며 학기 내내 공부를 계속해야 한다. 또 다들 성적을 잘 받아 인기가 많은 세부 전공을 하고 싶어 하기 때문에 피 튀기는 경쟁이 일어난다. 최상위권만 모인 의대에서 높은 성적을 받기 위해 공부를 하다 보면 취미 생활을 즐길 시간이 없는 건 물론이고 건강도 잃는다. 몇몇은 우울증에 걸리기도 한다.

그렇게 본과 4년을 보내면 최종적으로 국가시험을 보게 되고, 이를 통과하면 의사 면허가 나온다. 하지만 여기서 끝은 아니다. 의사의 구분에는 전공의와 전문의라는 게 있다. 우리가 보통 대학병원이나 동네

병원에서 보는 의사는 대부분 전문의이다. 전공의는 일자리가 한정적이고 수명이 짧다. 그래서 대부분의 의대생들은 전문의를 택한다. 전공의가 전문의가 되기 위해서는 병원에서 인턴 1년, 레지던트 4년으로 일해야 한다. 흔히 '병원의 노예'라 불리는 이들이다. 이때는 의대생일 때와는 차원이 다르게 힘든 나날을 보낸다. 근로기준법이 무색하게도, 주 100시간 이상 근무를 한다. 아침 5~6시에 출근해서 저녁 7시까지 공식 근무가 끝나고 나면 병원에서 밤을 새며 근무하는 당직을 선다. 밥을 못 먹고 잠을 못 자는 일상이 기본이다. 2~3시간을 자면 많이 자는 날에 속한다. 드라마 '슬의생'에 나오는 장면과는 차원이 다른 교수님의 갈굼과 환자들의 진상은 덤이다. 수명이 깎이는 기분을 느낀다고도 하고, 힘들어서 도망가는 전공의들도 꽤 있어 그들을 찾으러 가는 걸 추노라고 부르기도 한다. 이렇게 많은 고생을 하고 나면 최소 30살의 나이가 된다.

그래도 의사가 되고 나면 편하지 않을까? 의사의 월급은 다른 직종의 평균보다는 높지만, 경제적 여유를 갖출 정도는 아니었다. 상승하는 물가, 치솟은 집값과 달리 의사의 월급은 그대로였다. 예전과는 달랐다. 이제 의사의 월급만으로 부자가 되는 건 불가능했다. 집을 얻고, 생활비를 마련하기 위해서는 평생 쉬지 않고 일을 해야 한다.

이 말들이 배부른 소리로 들릴 수도 있다는 것을 안다. 어쨌든 힘든 과정을 거치더라도 고수익의 직업이 보장되어 있는 거니까. 의사라는 직업이 유난히 힘들다는 이야기를 하려는 건 아니다. 의사는 좋은 직업이다. 안정적인 삶을 좋아하고 의사의 업무가 잘 맞는다면, 의사로서의 삶은 정말 좋다. 다른 사람을 치료하는 뜻깊은 일을 하며 높은 수준의 돈도 벌 수 있는 매력적인 직업이기 때문이다.

불행하게도, 나는 아니었다. 의사라는 직업에 열의가 없었다. 열의가 없는 직업을 위해 하루 종일 공부만 하고 우울증에 걸릴 만큼 고생하라니. 하루에 2시간을 자면서 건강도 잃고 그렇게 젊음을 다 보내라니. 그 이후의 보상은 그저 하루하루 먹고사는 거라니. 그게 내 인생의 끝이라니.

괜찮은 환경에서 태어나 괜찮은 공부적성을 갖추어 모두가 부러워하는 의과대학에 왔으니 감사하고 기뻐할 일이다. 그런데 왜 행복하지 않은 걸까. 정말 배가 불러 터진 걸까. 감사한 줄 알고 만족할 줄 알아야 하는데 그걸 못하는 걸까. 여기에 만족하지 못하는 내가 잘못된 걸까.

답은 명확했다. 내가 원하는 삶은 따로 있었기 때문이다. 하고 싶은 일도 많고 꿈도 컸다. 열정 넘치는 생활을 원했다. 세상에 영향력을 끼치는 멋있는 사람이 되고 싶었다. 스스로 인생을 주도하는 삶을 살고 싶었다. 이 소망들이 욕심일지도 모르지만, 그 욕심을 버리고 싶지 않았다. 버려지지 않았다.

자기계발, 이제는 지쳤어

불확실한 미래를 바라보며, 내가 잠정적으로 내린 결론은 지금에 충실하자는 것이었다. 대학생 때 경험하면 좋다는 일들을 다 해봤다.

연구에 관심이 있었기 때문에, 대학교 연구실에 들어가 인턴을 했다. 시키는 대로 열심히 논문을 읽고 실험을 했지만, 내가 뭘 하고 있는지 알 수 없었다. 궁금하거나 관심 있었던 분야의 실험은 할 수 없었고, 대학원을 가도 상상했던 나의 궁금증을 해결하며 연구할 수 없는 건 마찬가지로 보였다.

다들 대학생 때 여행을 꼭 가봐야 한다고 이야기를 했다. 주위 친구들이 다들 가니까 가야만 할 것 같은, 그렇지 않으면 뒤처지는 것 같은 압박감을 느꼈다. 좋은 곳, 예쁜 곳에 여행을 다니면서 사진을 많이 찍었다. 사진을 찍고 SNS에 올리며 뿌듯하기는 했지만 뭔가 의무감으로 여행을 가는 듯한 느낌이었다. 내가 아닌 남들에게 보여주기 위한 여행인 느낌이었다.

여행도 다니고 놀러 다니기 위해서는 돈이 있어야 하기 때문에 아르바이트를 했다. 의대생이라는 특혜로 과외를 할 수 있었다. 나쁘지는 않았지만 내 시간을 파는 느낌일 뿐이었다. 내가 하고 있는 일이 정말 이 정도의 돈을 받을 만큼 가치 있는 일인지 확신이 없었다. 과외로 인해 학생의 자기주도 학습능력이 떨어질 수도 있겠다는 생각이 들었기 때문이다.

그 외에도 수많은 자기계발을 했다. 의사가 아닌 다른 일을 하기 위해서는 그에 걸맞은 능력이 있어야 한다는 생각에 여러 가지 중요하다고 생각되는 것들은 다해 보았다. 코딩도 배워보고 영어 회화 연습도 하고 독서 동아리에도 들어갔다. 언젠간 도움이 될 거라는 생각에서였다.

하지만 점점 시간은 가고 있고 곧 본과가 되고 있는데, 나에 대해서도 세상에 대해서도 아무것도 몰라 불안했다. 아무튼 계속 자기계발을 했다. 언젠가 필요할 나의 능력을 쌓았다. 여러 지식인들이 인내의 필요성을 강조했다는 것을 생각하며 언젠가 성공할 그날을 떠올렸다. 하지만 계속해서 불안했다. 지쳐갔다. 내 능력을 개발하고는 있는데 과연 이 능력을 써먹을 일이 있기는 할까 의문이 들었다.

힘든 마음을 다스리기 위해 힐링 책들도 읽어봤다. 지금도 잘하고 있어, 욕심부리지 말자, 현재에 만족하며 즐기자, 대충 살자, 애쓰지 말자 등. 이런 말들은 분명 내게 위로가 되었다. 하지만 이런 태도를 가져봐도 답답한 기분은 사라지지 않았다. 마치 어딘가에 갇혀있는 느낌이었다. 하늘을 날고 싶은데 새장 속에 갇혀 끊임없이 깃털만 정리하고 있는 느낌이랄까?

나는 당장 내가 즐거울 수 있는 일을 하면서 살고 싶었다. 그러다 문득 엄청난 무력감이 몰려왔다. 나는 언제쯤 돈을 벌고 내가 하고 싶은 걸 할 수 있는 거지? 지난 20년간 정말 열심히 달려왔는데, 나에게 보이는 건 또다시 첩첩산중이었다. 이 산에 끝이란 건 존재할까? 본과 4년 동안 힘든 공부를 마치고 또 다른 4년 동안 힘든 수련 과정을 마치면 나에게 자유가 주어질까? 내일은?, 모레는?, 1년 후에는?, 10년 후에는? 더 나중에는? 나는 내가 원하는 대로 살아갈 수 있을까? 대학생인

27

지금은 정말 그 나중 언젠가를 위해 인내해야 하는 시간인 걸까?

나에게 필요한 건 여유로운 휴식도 따뜻한 위로도 소박한 만족도 아니었다. 정말 내 온 마음을 다해 원하는 무언가, 미친 듯이 열정을 쏟을 수 있는, 눈앞에 그 무언가가 필요했다. 당장 세상을 날아보고 싶었다.

꿈을 접어야 할까요

본과를 앞두고 문득 미래를 그려봤다. 예과를 보내며 더욱 분명해졌다. 의사가 아닌 다른 일을 하고 싶었다. 다양한 경험을 하면서 나에 대해서 알게 되었다. 나는 도전하고 성취를 얻으면서 즐거움을 느끼는 사람이었다. 새로운 일을 할 때 행복했다. 과학, 철학, 역사, 경제 등 여러 가지 분야에 관심이 갔다. 새로운 지식을 아는 것도 좋아하고, 글을 쓰는 것도 좋아한다. 사람들과 이야기하는 시간도 좋아하고, 사회를 변화시키고 싶다는 욕망도 갖고 있다. 내가 쓴 글을 읽고 다른 친구가 도움을 받았다는 이야기를 들었을 때 정말 행복했다. 책을 내어서 많은 사람들에게 좋은 영향을 주고 싶다는 마음이 강렬하게 들었다. 새로운 일에 도전하고 사람들을 만나고 글을 쓰며 세상을 공부해나가기. 이렇게 하루하루 내가 하고 싶은 일을 하면서 삶을 보내고 싶다고 생각했다.

과외를 하면서는 행복을 느끼기 어려웠다. 말 그대로 시간을 파는 느낌이었다. 1시간, 2시간 나의 삶을 내어주고 돈과 교환했다. 언제 시간이 갈까 시계를 보고 있을 때마다 현타가 왔다. 시간이 아깝기도 했고, 내가 하고 있는 이 과외가 가치 있는 일인지도 의문이었다. 과외의 대가로 받는 적지 않은 돈도 행복을 채워주지 못했다. 돈을 벌어서 맛있는 음식을 먹거나 취미를 즐겨도 그 순간뿐이었다. 나만이 할 수 있고 스스로 가치 있다고 생각하는 일을 하며 성취를 얻고 싶었다. 그러면서 앞으로도 과외처럼 주어진 대로 수행하는 일을 하면서는 삶에 만족하기 어렵겠다고 느꼈다.

그렇게 살고 싶지만 그건 머릿속의 이상일 뿐, 현실은 완전히 달랐다. 계속 정해진 길대로만 좇아가고 있고, 이대로라면 힘겨운 의대 코스를 밟은 뒤 30살이 되어버릴 예정이었다. 나의 20대는 내 의지와는 상관없는 일들을 하며 다 지나가 버릴 신세였다. 여러 일을 하면서 세상을 바꾸고 자유롭게 살아가는 꿈이 있었다. 다양한 공부를 해보고, 다른 나라로 유학도 가보고 싶었다. 여러 직업에 도전하면서 하고 싶은 대로 살고 싶었다. 그런데 이대로라면 이루기 힘들게 분명했다.

현실을 냉정하게 쳐다봤다. 몰랐던 하나의 진리를 알게 되었다. 돈이 있어야 한다. 부모님은 점점 경제력을 잃고 계시고, 살아가기 위해서는 돈을 벌어야 한다. 그렇지만 앞서 말했듯이 하고 싶은 대로, 마음대로 살아가면서 돈을 벌 수 있을지는 의문이었다. 경제적 여유는 분명히 삶의 질에 중요한 부분이고 포기할 수는 없다. 졸업 후에 유학을 가고 싶다고? 유학에 필요한 돈은? 유학에 필요한 스펙은? 유학에 가려면 내 이름의 논문이 있어야 할 텐데. 몇 번 연구실 인턴을 해봤지만 논문을 쓸 수 있는 기회는 멀리 있었다.

일단 의사로 일하면서 어느 정도 돈을 모아볼까 하는 생각도 했다. 하지만 과연 의사로 한동안 일한 후에 다른 일을 할 수 있을까? 애초에 의사로 일하다가 원하는 만큼 돈이 모이는 상황이 올까? 과연 그때까지 내 꿈이 남아있을까? 아무리 머리를 굴려봐도, 내가 원하는 삶으로 향하는 길은 보이지 않았다. 이런 수많은 고민에 의대를 온 것을 잠시 후회한 적도 있다.

그렇다고 다른 과라고 해서 사정이 나아 보이지는 않았다. 돈을 벌려면 취업을 하거나 창업을 해야 한다. 창업하려면 지식과 경험이 필요하다. 그러려면 취업을 해야 한다. 또 좋은 직장에 가려면, 대학원을 가거나 스펙을 쌓고 학점을 잘 받아야 한다.

그 구조 안에서 우리는 정해진 할 일을 하기에 바쁘다. 많은 수업을 듣고 시험을 준비하고 과제를 해치워야 한다. 취업을 하면 일에 치여 여유시간은 더 사라진다. 그 할 일들을 하다 보면 진정으로 하고 싶었던 일들은 점점 잊혀져 간다. 나이가 들며 경제적 압박은 더욱 커지고 우리의 꿈들은 더욱 멀어진다. 그렇다고 이 구조를 벗어나기에는 두렵다. 최소한의 경제적, 사회적 안정성을 져버리는 일이 될 것이기 때문이다. 대한민국의 대학생, 나, 우리에게 하고 싶은 일과 안정성 사이에서 줄타기하며 고민해야 하는 이런 상황이 불가피한 것일까.

절망스러웠다. 꿈은 정말 그냥 꿈일 뿐인 건가. 이룰 수 없는 헛된 꿈에 사로잡혀 고통스러워하고 있는 건가. 그저 지나가는 젊은 날의 객기일 뿐인 건가. 나도 결국 몇몇 어른들의 말씀처럼, 꿈 없이 현실에 수긍하며 살아갈 수밖에 없는 건가.

뭐? 지금 당장… 할 수 있겠는데?

이런 생각으로 절망하고 있을 때 즈음, 2021년 2월 1일, 전화가 걸려왔다. 친한 의대생 친구였다. 요즘 어떻게 지내고 있는지 서로의 근황에 대한 이야기하다가 갑자기 본인이 현재 3억을 모았다는 이야기를 건넸다. 2년 동안 과외로 번 돈과 주식을 이용해서 3억을 모았단다. 뭐? 3억? 어안이 벙벙해졌다. 30살쯤 되어서 1억을 모으기도 힘들어 보였는데 지금 3억을 모았다고? 금수저도 아니고 자취방 월세도 본인 돈으로 내는 평범한 친구였기 때문에 놀라움이 배로 다가왔다.

평소에 주식을 열심히 했고 좋은 성과가 난다는 건 알고 있었지만, 그 정도일 줄은 몰랐다. 헛소리라고 생각했다. 하지만 확인시켜준 계좌내역은 진실이라고 말하고 있었다. 그러면서 앞으로 본과 4년 동안 계속 주식을 해서 건물을 사는 게 목표라고 했다.

뭐라고? 장난하나? 직업 없이도 그렇게 돈을 모을 수 있다고? 건물을 산다고? 그게 아주 불가능해 보이지 않았다. 2년 동안 3억을 모으다니. 그 정도만 돼도 직업에 구애받지 않고 내가 원하는 대로 살 수 있잖아? 내가 꿈꾸던 삶이 가능할지도 모르잖아?

내 머릿속의 틀이 와장창 깨졌다. 지금껏 항상 미래만을 기다려왔다. 지금은 무언가를 할 수 있는 때가 아니니까 나중을 떠올렸다. 대학을 졸업하고 나서 어떤 직업으로 돈을 벌어야 할지만 고민했다. 주식도 나중에 졸업하면 제대로 해봐야겠다고 생각했다. 그리고 내가 원하는 일을 하는 것은 경제적 능력을 갖춘 후의 더 나중의 일이라고 생각했다. 그 모든 생각의 패러다임이 깨져버렸다.

대학생이어도 저 정도 금액을 모을 수 있구나. 그래. 꼭 직업이 있어야만 돈을 벌 수 있는 건 아니었다. 지금도 다 할 수 있는 거였다. 이와 동시에 일찌감치 창업이나 다른 일을 시작해서 성과를 내고 있는 의대생 친구들이 눈앞을 스쳐 갔다. 내가 지금부터 시작하는 건 힘들다고 생각했던, 대단한 일을 하고 있는 사람들이 내 주위에 있었다.

평소에 그들을 보면 부러운 마음이 가장 먼저 들었다. 나도 저렇게 무언가 도전하면서 성과를 내고 싶은데, 나도 많은 꿈이 있는데, 딱히 무엇을 하고 어떻게 시작해야 되는지 몰랐다. 그 모습을 보면 '쟤는 저렇게 이뤄내는데 나는 뭐지'라는 박탈감이 들 뿐이었다. 그리고 조급함과 박탈감이 올라오는 걸 느끼며 쓸쓸함을 삼키고는 했다. 하지만 그날은 왜 그랬을까. 친구의 놀라운 소식을 듣고 조금 흥분된 상태여서 그랬을까? 이런 생각이 들었다. 나도… 할 수 있겠는데? 가슴이 뛰기 시작했다.

그래. 지금도 가만히 배워야만 하는 존재가 아니야. 무엇이든 할 수 있어. 더 이상 아기 새가 아니지. 새장 밖을 벗어나 하늘을 날 수 있어.

그리고 또 다른 한 가지 생각이 머릿속을 스쳤다. 도전을 하고 성과를 내는 이들을 찾아가 배우고 싶다. 그리고 이건 다른 사람들도 관심을 갖고 궁금해할 만한 일이다. 사람들도 이 이야기를 들으면 도전에 대한 용기를 갖게 될 거야. 이걸 책으로 써볼까? 나의 의대생 친구들을 연구해보자.

그들이 어떻게 도전을 했고 어떤 생각을 갖고 있는지 물어보자. 그 과정에서 많은 걸 배우고 성장하게 될 거야. 그리고 내가 깨달은 점들을 글로 전달해보자. 내가 느낀 '나도 할 수 있겠다'는 열망을 다른 사람들도 느끼게 해주자. 도전을 시작하는 구체적인 방법을 안내해보자.

도전은 역시나 무섭다

의대생 친구를 인터뷰하고 책을 쓰기로 결심을 굳힌 그 날, 너무 많이 쏟아지는 생각 탓에 잠을 이룰 수 없었다. 눈을 감으니 나의 책이 베스트셀러가 되는 달콤한 상상 뒤로 온갖 물음표들이 나를 옥죄어 왔다.

어떻게 책을 써야 할까? 내가 200페이지가 되는 분량의 책을 쓸 수 있을까? 제일 길게 써본 글은 20페이지 정도인데? 누구를 인터뷰해야 하지? 그 의대생들이 나의 인터뷰에 응해줄까? 만나서 내가 이야기를 잘 주도할 수 있을까? 그냥 본인이 책을 내겠다고 하면? 보상을 요구하면? 개강이 얼마 남지 않았는데 어떡하지? 그 사이에 누가 비슷한 주제의 책을 내면 어떡해? 시간 낭비하는 건 아닐까? 괜한 짓을 하는 건 아닐까? 책을 쓴다고 진지하게 이야기하면 비웃음당하지 않을까? 원고를 다 썼는데 모든 출판사에서 거절하면 어떡하지? 책이 나왔는데 반응이 안 좋으면 어떡하지? 나에 대한 공격이 들어오지는 않을까? 아무것도 없는 대학생일 뿐인 나의 이야기를, 다른 사람들이 들어줄까?

그렇다. 나는 태생이 걱정과 불안이 많은 사람이다. 누군가에게 부탁하거나 거절을 해야 하는 건 나에게 가장 어려운 일이었고, 그 이야기를 나오지 않는 목구멍에서 꺼내기 위해서는 많은 힘이 필요했다. 새로운 상황에 놓이기 전에도 어떤 일이 발생할지 온갖 시뮬레이션을 돌려보는 그런 사람이었다. 그동안 많은 자기계발서를 읽었다. 성공한 사람들의 자신감 넘치고 당당한 멋진 이야기들. 나도 정말 그렇게 되고 싶었다. 하지만 마음이 문제인 건지 몸이 문제인 건지 잘 따라주지 않았다. 이런 나에게 누군가를 인터뷰하러 다니는 책을 쓴다는 건 엄청난 도전이었다.

항상 그래왔던 것처럼 흔들리는 나의 마음을 붙잡고 진정시키기 위해 노력했다. 괜찮아. 잘 될 거야. 잘할 수 있어. 다른 사람의 생각을 신경 쓰기보다 내가 의미 있는 도전을 한다는 것에 집중하자. 이런 식으로 계속 되뇌었다. 그럼에도 나는 뭔가를 해내기에 너무나 나약하다는 생각이 들어 울고 싶었다. 그냥 책 쓰려 하지 말고 원래의 일상을 살까? 스스로에게 물었다. 아니. 이 여행을 포기하고 싶지는 않았다. 이렇게 무언가를 하고 싶어서 가슴이 뛰는 느낌은 정말 오랜만이거든. 그러니까 절대 포기하지는 않을 거야. 그렇게 포기하지는 않을 거라는 생각의 끝에 다다랐을 때, 또 다른 생각이 내게 고개를 내밀었다.

오히려 그래서 더 좋지 않을까? 겁 많고 불안한 나의 시선에서 글을 쓰기 때문에 더 많은 사람들이 공감을 할 수 있을 거야. 나의 부족한 점이 나를 더 빛나게 해줄 거야. 그래. 나는 지금껏 완벽하지 않은 나를 향해 위로의 말을 건네며 살아왔어. 이대로만 하면 될 거야. 인터뷰하러 가는 것도 무섭고, 책이 완성될지도 모르겠어. 그래도 그 과정에서 무언가는 남을 거야.

불완전한 작은 확신. 나의 여행에서 가장 중요한 준비물이었다. 그 작은 확신을 갖기로 결심하고 나니 해야 할 일들이 떠오르기 시작했다. 노트북을 켜고 생각났던 아이디어를 끄적거리기 시작했다. 인터넷에 출판과정을 검색해보고, 도서관에 가서 유사한 책을 사전 조사했다. 인터뷰할 의대생들을 검색해보고, 어떤 질문을 해야 할지 목록을 작성했다. 인터뷰를 위해 대화의 기술과 관련된 책을 읽기도 했다. 개강 일정에 맞춰 계획을 세웠다. 그 과정에서도 여전히 나의 확신은 흔들렸지만 멈추지는 않았다.

그렇게 나의 삶을 완전히 바꿔놓은 여행이 시작되었다.

02 돈을 알다
A와의 인터뷰
interview

#의대생_친구 #주식으로

#수익_3억 #세상은_다_연결_돼

#읽고_생각하라고 #망하는_것의_반대로_하자

변화의 첫걸음

많은 돈을 모으기. 자본주의를 살아가는 모두의 목표가 되는 일이다. 내가 그렇게 공부를 하고 의대의 현실에서 고민하던 것도 돈 때문이다. 충분한 돈이 있어야 여유를 갖고 꿈을 꿀 수 있기 때문이다.

이 책에 대한 아이디어를 갖게 한 친구 A. A는 대학에 입학하고 2년 동안 3억을 모았다. 주식을 이용했다. 여기에 뭔가 내가 원하는 삶에 필요한 돈에 대한 희망이 있지 않을까? 하는 생각에 첫 번째 인터뷰 대상으로 정했다.

그런데 막상 인터뷰해달라는 전화를 하려니 정말 망설여졌다. 평소에 별의별 이야기를 다 나누는 친구였다. 3시간 넘게 통화를 하며 서로의 연애 이야기, 걱정과 고민, 내면의 상처 같은 이야기도 많이 했다.

그런데 내가 책을 쓰겠다, 그러니 인터뷰를 해달라는 이 간단한 이야기는 왜 이렇게 꺼내기조차 어려운 걸까. 나의 꿈을 이야기하려니까 너무 오글거리잖아. 나의 소중한 꿈이 비웃음을 당할까 무섭고, 너무 진지해 보이지는 않을까 망설여졌다. 꿈을 말했는데 이루지 못하면 나를 불쌍하게 보지 않을까 두려움도 들었다.

하지만 멈출 수는 없었다.

여기서 멈추면 나의 삶에는 변화가 없어. 한 걸음만 더 나아가보자. 힘들게 핸드폰을 켜고 연락처에 들어가 이름을 찾고 전화 걸기 아이콘을 눌렀다. 긴장감에 배가 아파왔다.

따르릉 띡.

A: 여보세요.

나: 뭐해?

A: 나 그냥 집인데 왜.

나: 아니, 내가 요즘 하려고 하는 게 있거든?

A: 뭔데?

나: 내가 책을 쓰려고 해.

A: 뭐…라고? 크크큭. 무슨 책.

나: 아, 진짜. 나 진지하니까 비웃지 말고 들어봐. 일단 가제는 '꿈만 큰 당

신을 위해, 나의 의대생 친구를 소개합니다' 야.

A: 아, 어.

나: 그래서 오빠를 인터뷰하고 싶어. 저번에 과외랑 주식으로 3억을 벌었다고 했잖아. 그 경험에 관한 내용을 알고 싶거든. 내용이 대충 뭐냐면 꿈은 큰데 뭘 어떻게 해야 할지 모르는 사람, 즉 나인 거지…?

내가 지금 대학생인데 뭔가를 도전하고 이뤄낸 사람들, 뭐 오빠처럼 주식으로 돈을 많이 벌었거나 사업을 시작한 사람들을 찾아가서 인터뷰하고 그런 과정들을 쓸 거야.

A: 아, 그래? 또 누구누구 하려고?

나: 일단 그 오빠랑 같은 학교에서 사업하는 B 친구. 그리고 다른 학교에 의료 관련 사업하는 C 분도 있고.

A: 아, 그래? 만약 그 B 친구랑 같이 밥 먹게 되면 너 책 얘기 꺼내줄게.

나: 음, 일단 내가 지금 준비가 다 안 돼서 있어 봐. 그래서 인터뷰해줄 수 있지? 언제 돼?

A: 야, 근데 이거 인터뷰하면 뭐 주냐? 얼마 줄 거냐? 한 5% 줄 거임?

나: 어? 돈? 이거 책 주인공 되면 명예를 얻는 거지. 책에 등장한 사람이 되는 거잖아.

A: 야 난 그런 명예 필요 없어. 그래서 5% 콜?

나: 그래…. 알겠어. 내일은 시간 돼?

휴, 해냈다. 인터뷰하기로 시간 약속을 잡았다. 역시 막상 전화해보니까 잘 끝났다. 게다가 다른 친구들까지 찾아주겠다고 그래서 고마웠다. 걱정했던 대로 보상을 요구했는데, 막상 그 소리를 들으니까 큰일처럼 느껴지지는 않았다. 그리고 5%를 요구했던 것도 농담이었다.

전화를 하기 전 나를 괴롭게 하던 여러 고민들이 눈 녹듯 사라졌다. 행동하기 전의 두려움만 이겨내면 되는구나. 막상 경험하면 다 괜찮구나.

인터뷰

주식의 기본 비법 3가지

A의 경우에는 지난 2년 동안 과외와 아르바이트로 돈을 모으면서, 그 돈을 꾸준히 투자해 불려 나갔다고 한다. 지금은 3억 가까이 모 았고, 평균적인 수익은 한 달에 천만 원 정도라고 밝혔다. 한 달에 천만 원이라니, 웬만한 대기업 다녀서 받는 돈보다 훨씬 큰 금액이 잖아. 그것도 일을 하지 않고서도 말이다. 시간 대비 효율로 보자면 그 이상의 가치를 지녔다고 볼 수도 있는 것이다. 더 관심이 생겼던 건 단순히 한 번 수익을 얻은 게 아니라 꾸준히 수익을 얻고 있어서 였다. 어떻게 하면 이 정도의 수익을 낼 수 있는지 궁금했다. 어떤 과정을 거친 거지?

나: 주식을 어떻게 하게 된 거야?

A: 처음에는 돈을 모으기 위해서 과외랑 학원 알바를 했고, 그때부터 주식은 단타로 조금씩은 했어. 단타로 하는데 애초에 씨드가 작기 때문에 수익이 나도 티가 안 나고, 손해가 나도 티가 안 났어. 애초에 내가 투자할 수 있는 돈이 없었으니까. 그래도 계속 공부해가면서 돈을 늘렸지. 초반에는 수익률을 보려고 노력했어. 돈이 적으니까. 그런데 자본이 어느 정도 모이고 나니까 확실히 수익률이 조금만 높아져도, 어느 정도 눈에 보이는 금액을 벌게 된 거지.

공부했던 방법은 일단 당연히 신문 기사 정도. 신문 3~4개 정도는 하루에 1시간에서 1시간 30분 정도 꾸준히 봤어. 그게 가장 기본이고. 신문을 읽는 습관을 만든 거야. 습관이 중요해. 그런데 신문을 읽을 때, 그냥 읽는 게 아니라 거기서 뭔가 어떤 생각까지를 해낼 수 있느냐 그게 중요해.

신문을 읽는 습관을 들였구나. 신문을 읽으면서 어떤 생각을 해내야 한다고? 그게 뭘까?

나: 어떤 생각?

A: 어. 기사를 읽었을 때 그 기사 내용과 주식을 연관 지어서 생각을 할 수 있느냐를 말하는 거야.

내 경험 하나를 이야기해줄게. (*인터뷰 당시인 2021년 2월 기준) 테슬라가 작년 여름에 한번 잠깐 주춤했던 적이 있거든? 그런데 나는 테슬라를 아직도 안 빼고 지금까지 갖고 있어. 테슬라가 지금 700인가 넘었을 거야. 계속 오르고 있어. 작년 여름에 주춤했던 이유가 테슬라 모델이 출시 연기가 되니, 기술력이 문제가 되니 이런 이야기가 나와서였어. 그런데 나는 그날 아침에 신문으로 현대차와 삼성이 같이 전기차에 투자하고 공동 사업을 한다는 기사를 읽었어.

이 기사랑 테슬라랑 상관이 없잖아. 아무 상관이 없어 보이는데, 상관이 있어. 이게 다른 기업의 기사지만, 테슬라 주가가 오를 것이라는 걸 반증해주는 기사야. 이건 미리 얼마만큼의 공부가 되어있느냐의 차이긴 해. 미리 전기차 시장에 대한 이해를 갖고 있어야 하지.

현대차 같은 경우는 전기차 이전에 수소차 사업을 진행했었어. 우리나라에서 나름 기술력도 가지고 있었고. 삼성은 어떤 여건이었냐면, 우리가 삼성차를 보통 르노 삼성이라고 하잖아. 그 이유가 IMF 때 삼성자동차가 르노로 매각을 당했거든. IMF에서 회사 기업 경영 정리한다고 강제로 르노에게 팔게 했어. 그래서 삼성은 자동차 회사가 없고, 현대는 자동차 회사를 가지고 있지만 전기차가 아닌 수소차를 만들고 있었어. 기술력도 있었고. 이런 배경 지식을 미리 알고 있어야 하는 거지.

그런데 이 회사들에서 전기차를 만들겠다고 한 건 여러 의미가 담겨있지.

첫째, 삼성에서는 전기차라는 산업이 미래가 유망한 산업이라고 봐서 투자를 해야겠다고 판단을 한 거야. 현대차에서도 일단 같은 생각에서 투자를 시작하기로 결정했겠지. 또 하나 더, 수소차는 기술력에 한계가 있거나 경제성에서 문제가 있거나 아무튼 어떤 부족한 점이 있어서 전기차랑 비교했을 때 수소차가 경쟁력을 갖지 못한다는 결론을 내린 거야. 그래서 전기차에 투자를 한 거겠지. 이런 생각까지를 할 수 있어.

다음은 삼성이랑 현대가 공동사업을 하니까 주변에 우리나라의 전기차 관련 기술을 가진 회사들을 사들이지. 실제로 인수합병을 하고 있어. 이거는 당연한 과정이지. 사업을 시작했으니까 기술력을 모아야 하잖아. 그럼 우리나라의 전기차 관련 회사의 주가에도 영향이 생길 거라는 걸 알 수 있어.

이런 내용은 기사에 써 있지 않아도 당연하게 생각할 수 있어. 결론적으로는 현대랑 삼성이 전기차 사업을 시작하는 것 자체가 테슬라가 하고 있는 전기차 시장의 미래가 밝구나. '앞으로 더 오르겠구나'라고 해석할 수 있다는 거지.

이렇게 어떤 기사를 보고 관심 있는 주식과 관련해서 생각을 펼칠 수 있는 능력이 중요해. 확실히 애들이 주식을 하면 기사는 다 읽어. 기사는 다 봐. 근데 신문 기사를 봤을 때 어디까지 생각이 나서 뻗쳐가는가가 중요하다고 생각해.

주식을 해봤지만, 신문을 읽는다는 생각을 하지는 못했다. 주식 관련 책을 몇 권 읽으면서 재무제표를 살펴보는 데에 집중했었다. A가 신문 기사의 내용과 배경 지식을 종합하여 주식의 미래를 예측하는 모습이 인상 깊었다. 신문을 읽는 게 그렇게 중요한가? 보통 다른 것도 강조하지 않나?

나: 그러면 신문으로만 판단해? 재무제표 같은 건?

A: 물론 신문 말고도 재무제표를 보거나 오너 정보를 확인해 봐야지.

　그런데 나의 경우에는 신문 기사를 깊게 보는 능력만큼 재무제표를 그렇게 깊게 보는 능력은 없어. 주변에 회계나 경영 공부하시는 나보다 더 전문성이 뛰어나신 지인분한테 조언을 얻는 편이야. 이게 더 효율적이라는 생각을 했거든. 오너가 어떤 사람인지는 인터넷 커뮤니티 같은 데에서 오너의 특성이 이렇다는 걸 확인했어. 기사나 인터넷으로 성품 같은 걸 확인했지.

나: 음, 이 회사 어떠냐 이러면서 주위에 물어본 거야?

A: '이 회사 어떤지 재무제표 한 번만 봐 주시겠습니까'라고 묻는 식으로 주변에도 많이 물어봤어.

　신문 기사로 주가 예측하는 건 어디까지나 내 생각이고. 어떻게 보면 그냥 소설이잖아. 이런 나만의 소설을 뒷받침해줄 수 있는 통계가 재무제표 니까. 재무제표로 실제 수익과 자본의 변동을 볼 수 있어. 그런데 또 재무 제표만 보고 알 수 없는 게 있어.

예를 들어, 이 회사가 자본은 충분한데 기술력이 없는 거지. 이런 데에는 투자해 봤자 의미가 없잖아. 이 회사는 성장을 못 할 테니까 주식이 더 이상 오르지는 않겠지. 그렇기 때문에 신문 기사나 외부 자료를 보면서 기술력이 있느냐 없느냐를 판단하는 게 중요해. 그게 관건. 테슬라 봤던 것처럼.

신문과 재무제표가 쌍방 보완이라고 봐. 주식을 해서 100% 버는 사람은 없는 것 같아. 100% 버는 건 없는데, 확률을 어느 정도 높일 수 있다고 생각을 하거든. 자신의 투자가 성공할 수 있는 확률. 그 확률을 높이는 방법 중 하나가 신문과 재무제표 등을 활용하는 거지.

A는 주식을 할 때 세 가지 방식으로 판단을 하고 있었다. 첫째, 신문을 읽고 해당 기업에 대한 자신만의 의견 작성하기. 둘째, 재무제표 확인하기. 셋째, 오너 판단하기. 신문을 통해 기술력과 성장성을 평가하고 재무제표로 자본력을 평가하고 있었다. 이렇게 여러 가지 면을 종합 판단하여 투자 성공확률을 높이고 있었다. 신문을 읽고 주식과 관련 지어 생각을 확장시켜 자신만의 의견을 작성한다는 게 도움

이 많이 되어 보였다. 신문을 그냥 읽어서 저절로 생각의 확장이 이루어질 것 같지는 않은데, 그런 생각의 확장을 어떻게 연습했는지 더 구체적으로 물어봤다.

책을 통한 생각의 성장

나: 신문을 보고 주식과 연관시키는 생각의 확장을 한다고 했잖아. 그런 게 언제부터 가능해졌어?

A: 나는 이게 찔끔찔끔 됐어. 그리고 나는 같이 공부를 하는 사람들이 있었어. 학교에 있는 주식공부 모임에 꼽사리를 껴서. 들어가 보니까 예전부터 주식을 하시는 분들이 있었어. 그분들이 신문을 읽고 자기의 생각을 쓰는 연습을 하더라고. 그걸 내가 막 따라 하려고 노력했지. 처음에는 소설 쓰듯이 말도 안 되게 썼어. 이 주식이 이렇게 되겠지 저렇게 되겠지 하면서.

나: 음, 혼자 예상을 해본 거야?

A: 예상을 많이 해봤지. 공부도 해보고 그랬는데, 처음에는 완전 소설이었지. 예상대로 되는 경우도 잘 없고. 그때 나는 인문학의 필요성을 느꼈어. 왜냐면 현실과 이론이 다르게 흘러가잖아. 이런 일화가 있어. 수많은 경제

학자가 있는데 그 누구도 IMF 외환위기나 2007년도 세계금융위기를 예

상하지 못했어. 아, 물론 있기야 있겠지. 맞췄다는 사람 두세 명 있지.

나: 그것도 그냥 운빨 아니야?

A: 운빨이지. 그냥 경제학자가 엄청나게 많으니까 한두 명 정도 걸린 느낌이

거든. 그렇듯이 수많은 경제이론이나 사회이론이 있는데, 이게 현실에 적

용되면 당연히 변수라는 게 생기잖아.

왜냐면 경제나 사회에 영향을 미치는 변수는 수도 없이 많으니까. 그러니

까 어느 정도 예상할 수 없는 변수가 있지. 그 변수를 보완해주고 이론이

랑 현실을 연결하는 게 인문학이라고 생각을 해.

그래서 나는 책을 많이 읽었어. 책을 읽으면 도움이 되는 게 많이 느껴져.

신문은 신문대로 읽고 재무제표는 재무제표대로 보는데, 생각이나 사고

를 하는데 있어서 책이 도움이 많이 돼. 처음에는 경제나 경영 관련, 주식

투자, 투자론 같은 책들만 많이 읽다가 너무 딱딱한 거야. 뭐가 오르면 뭐

가 오른다. 뭐가 내린다. 이런 단순한 관계는 기본적으로 쉽게 알 수 있지.

이런 관계들에는 항상 전제가 있어. 다른 변수가 없다는 것. 그런데 현실

에서는 모든 변수가 작용하고 있잖아. 우리가 과학 실험을 하듯이 다른

변수를 고정하고, X만 변화시켜서 Y를 관측할 수 있는 그런 게 아니잖아.

실제 사회를 보려면 수많은 변수들을 고려하면서 해야 되는데 이론만으

로는 한계가 있는 거지.

그러면서 내가 시작했던 게 처음에는 역사를 읽기 시작했고 철학도 읽고 예술 관련 책도 읽었어. 예술은 솔직히 도움이 되는지 잘 모르겠고 심리학은 도움이 많이 되었어. 사람 심리가 어떻고 구매이론이나 소비자 마케팅, 행동심리학 이런 걸 엄청 많이 읽었어.

나: 책은 그렇게 몇 권 정도 읽었어?

A: 작년에 170권 읽었나.

나: 많이 읽었네. 그럼 그냥 좀 빨리 읽는 편이야?

A: 아무래도 인문 서적이다 보니까 복붙한 느낌인 글들이 많거든.

나: 아, 그런 건 그냥 건너뛰고?

A: 아니, 건너뛰지는 않고. 많이 읽다 보면 그런 게 느껴져 확실히. 아, 이 내용은 거기서 읽어봤던 내용이네. 스키마 이론이라는 게 있어.

새로운 정보를 받아들일 때 원래 알고 있는 지식이 도움을 줘서 학습 속도가 빨라지는 거지. 쉽게 말하면 배경 지식이 많아진다는 거야. 배경 지식이 쌓일수록 읽는 속도가 빨라져.

경제학 서적을 처음 읽을 때 두 번째 읽을 때 느낌이 달라져. 두 번째 책을 읽을 때는 한 권이 밑바탕이 되어주는 거고, 세 번째에는 두 권이 밑바탕이 되어 주는 거고. 당연히 잘 모르는 분야 읽으면 못 알아듣지. 하나하나 집중해서 머리에 때려 박으면서 읽어야 하는데, 두 번째 세 번째 읽을 때는 기본 용어는 다 알아들어. 그런 느낌. 특히 작년에 코로나 시즌에는 일주일에 평균 3권 정도 읽었어. 코로나 2.5단계여서 아무 데도 못 나갈 때 집구석에서 책만 읽었던 것 같아. 책은 안 가리고 이것 저것 읽는 편이야.

그래서 주변에 해주고 싶은 말은 이거야. 왜 굳이 책이냐, 속도도 느리고. 느리지만 한번 머릿속에 인상 깊은 내용이 머리에 들어오잖아? 확실히 영상보다 오래 남아. 나도 책도 보고 유튜브도 보고 다큐도 찾아보고 TED도 찾아보고 하지만, 영상매체보다 책이 확실히 각인이 오래 남아. 영상은 그냥 생각을 안 하고 받아들이는 거지만, 책은 읽으면서 속으로 생각을 해야 되잖아. 그렇게 생각을 하며 읽으면서 사고력이 늘어나기도 하고 자신이 느낀 점들이 머리에 오래 남아.

나도 기억이 남는 게 100권 정도를 읽었을 때 머리가 한번 뚫렸어.

머리가 뚫리는 느낌이 있었거든. 주변에 보면 살면서 100권 읽은 애들 많지는 않더라. 생활기록부에 기재하려고 읽는 책 말고, 진짜 나를 위해서 읽는 책. 그걸로 100권을 뚫었을 때 머리에 뭔가 혁신이 일어나. 얘랑 얘가 어떻게 연결되지 했을 때. 그런 연결고리가 생겨. 전혀 관련이 없는 분야인데 생각을 하면 그게 연결이 돼.

신문을 단순히 읽는 데에 그치지 않고 생각이 확장되도록 도와주는 도구는 책이었다. 책을 읽으며 배경 지식을 쌓고 생각을 하는 과정에서 일종의 통찰력이 생긴다. 그 통찰력을 바탕으로 주식 시장에 대한 분석을 할 수 있게 되었다는 이야기였다.

신문 읽기와 책 읽기. 말은 쉽지만 매일 신문을 챙겨보고 100권이 넘는 책을 읽는다는 게 쉬운 일이 아니었을 텐데 그 비법은 무엇이었을까?

나: 돈을 벌고 싶다고 생각하는 사람이 많잖아. 그런데 막상 신문 한 시간씩 읽고 책 많이 읽는 걸 실행하는 사람은 별로 없잖아. 왜 실행 할 수 있었다고 생각해?

A: 일단 예과니까? 자유시간이 많았지. 그리고 돈에 대한 의지가 있었으니까. 물론 힘들긴 해. 가만히 앉아서 책 보고 있으면 뭐 하는 건가 싶기도 하고. 신문은 아침에 잠 와서 읽기도 싫고. 근데 그 괴로움보다 성공하고 싶다는 집념이 컸어. 나중에 다 뼈가 되고 살이 되겠지라는 심정으로 버텼지. 처음에는 일주일에 세 권 읽겠다는 목표를 잡았는데. 그러려면 일주일 동안 꼬박꼬박 읽어야 되잖아. 근데 그게 안 돼서 토, 일에 몰아 읽고 그랬거든.

나: 그냥 버텼구나. 책은 어떻게 골라서 읽었는데?

A: 책은 처음에는 추천을 받았어. 주식이나 경제 관련 책 추천목록을 봤고. 나중에는 그냥 손에 잡히는 거 읽었는데? 그렇게 했던 이유는…

어떤 책이든 나쁜 게 없다는 생각. 추천을 받는 건 최대한 한 권을 읽고 머리에 많이 남기겠다. 이런 거잖아 마인드가. 나도 처음에는 어떻게 하면 한번 읽을 때 많은 걸 남길 수 있을까 생각을 했는데 지금은 마인드가 바뀌었지. 어차피 난 책을 평생 읽을 거고, 시간이 될 때 평생 책을 읽으며 살아갈 사람인데. 이 세상 모든 책을 읽을 건데 순서야 상관있나. 결국엔 다 읽을 건데. 그런 마인드로 바뀌면서…

좀 거만한가? 싶기도 한데. 그냥 그렇게 읽기 시작해서 아무거나 읽어. 처음에는 분야도 좀 가렸는데 가릴 필요를 못 느껴서. 서점 가서 그냥 집어. 읽어보고 싶다 하면 집어. 원래는 몇 줄 읽어보고 샀는데, 요즘은 워낙 책 읽는 게 습관도 되고 빠르게도 되니까. 거부감이 없으니까 거침없어졌어.

이 세상 모든 책을 다 읽을 거라니. 좀 멋있는데?

소비습관

많은 책을 읽어서 도움을 받은 부분이 주식 투자뿐만은 아니었다. 다른 생활 면에서도 도움을 받았다고 한다. 바로 소비습관이었다. 돈을 모을 때는 얼마나 버는 지도 중요하지만 얼마나 쓰는 지도 중요하다. 돈을 아끼면서 소비습관에 대한 고민이 생겼는데, 책을 읽으며 이 고민을 해결할 수 있었다고….

나: 그럼 실제로 책에서 도움받은 경험이 있어?

A: 돈을 많이 모으기 위해서는 많이 벌기도 해야 하지만. 쓰는 것도 중요하거든. 소비습관이랑 관련된 책이 있었는데 기억이 남는 게 그거야. 그 책이 소비습관에 대한 가치관을 만들어줬어. 내가 갖고 있는 딜레마 하나가 있었어. 소비습관 관련해서. 나는 소비로 나가는 돈을 줄이려고 커피도 집에서 내려 먹고 하는 사람이야. 스타벅스나 뭐 브랜드 있는 커피 절대 안 사 먹거든. 아는 바리스타 하시는 분 한테 원두 받아서 집에서 내려 먹어. 그게 훨씬 싸. 그런데 다른 사람을 만났을 때는 비싼 커피숍에 가서 먹어야 되잖아. 다른 사람한테 커피를 우리 집 가서 마시자고 하거나 싼 1200원짜리 커피를 마시자 할 수도 없으니까. 이렇게 어쩔 수 없이 돈을 쓰게 될 때 스트레스를 받았지.

혼자 있을 때 아껴봤자 다른 사람하고 밥 먹을 때마다 돈이 많이 나가니까 아깝게 느껴졌어. '이럴 거면 혼자 있을 때는 왜 아끼지?' 이런 현타도 오고.

헉! 커피를 내려 마시는 이유가 돈 때문이었어? 평소에 돈을 안 쓴다는 느낌을 받지는 않아서 전혀 몰랐었다. 돈을 아끼고 싶은데 다른 사람 때문에 어쩔 수 없이 써야 하는 상황 생기면 스트레스받긴 하겠다. 약간 시험 기간에 혼자 시간 관리하고 있는데 다른 사람 때문에 시간뺏겼을 때 엄청 짜증 나는 그런 기분인 건가. 이 딜레마를 어떻게 해결했다는 거지?

A: 그런데 그 책 내용 중 뭐가 있었냐면, 다른 사람과 밥 먹을 때 쓰는 돈을 음식에 투자하는 것이 아니라 그 사람과 함께하는 시간에 투자 한다고 생각을 바꾸래. 이게 정말 기억에 남았어.

혼자 있을 때는 아끼더라도 다른 사람을 만나고 있을 때는 가감 없이 써라. 그때 쓰는 돈을 이 사람이랑 같이 있는 시간에 투자하는 거라고 생각해라. 그러는 거야. 이 말이 정말 맞다는 생각이 들었어. 사람이랑 있을 때 쓰는 돈은 나의 그 사람에 대한 마음의 표현인 거지. 이 생각이 들더라고. 지금도 그런 마인드를 갖고 있어.

그래서 다른 사람에게 밥을 사줄 때 항상 고기를 사주려고 해. 물론 고기를 좋아하는 이유도 있는데, 고기가 귀한 음식이라고 한국 사회에서 인식이 되잖아. 고기를 사주는 이유가 '당신은 나에게 귀한 사람입니다.'라고 말하기 위해서인 거지. 내가 생일마다 친구한테 소고기를 사주는 습관도 이런 생각에서 출발했어. '당신은 나한테 소중한 사람입니다'라는 걸 표현하기 위해서. 이런 식의 가치관들을 가지게 됐어.

다른 사람과 있을 때 쓰는 돈은 단순히 그 상품에 돈을 지불하는 게 아니라, 상대에 대해 표현을 하는 값어치도 갖고 있다. 그래서 소비습관에 있어서 혼자만의 딜레마를 벗어났지.

> 다른 사람과 함께 있을 때는 돈을 아끼지 않는 가치관을 잡았구나.
> 나에게도 생일에 소고기를 사주었던 기억이 떠올라 기분이 좋았다.

A: 돈을 모으고 싶어 하는 애들은 다 소비에 대해 고민을 하더라고. 처음에는 보통 버는 거에 주목을 해. 그런데 버는 게 어느 정도 들어와도 생각보다 돈이 잘 안 모여. 많이 쓰다 보면 남는 게 없거든. 그럼 다음에 쓰는 거에 주목을 해. 쓰는 걸 쪼여. 그러면 돈이 모이기 시작해. 보통 돈이 모이는 순서가 그런 거 같은데. 나도 그랬고 주변에 이야기 들어보면. 이렇게 소비를 쪼이는 과정에서 다들 딜레마를 많이 겪어. 쓸데없는 데에 돈 쓰기 싫다, 그런데 써야만 하는 상황이 생기고 어떻게 조절해야 할지 모르겠다. 이런 얘기를 많이 해. 나도 그런 갈등을 했고. 다들 하지? 넌 했냐?

나: 나? 나는 돈을 쓸 때 이게 합리적인 소비인지는 고민을 해봤지. 돈을 많

이 쓰면 어느 정도 내가 더 행복해질 수 있기는 하잖아? 맛있고 비싼 음식을 먹으면서 행복을 느낀다거나, 옷 살 때도 돈을 얼마나 쓸지 고민하는 때도 있었고. 이 소비가 나한테 행복을 가져다줄 수 있는지 정도의 고민을 했던 것 같아.

A: 그래서 책이 소비에 대해 내가 갖고 있던 딜레마를 해결해 준 거야.

예를 들면 옷 같은 경우도 일상에서는 어떻게 입고 가도 상관이 없지만 어느 정도 격식을 갖출 때는 좋은 옷을 입어야겠다고 생각을 했어. 나를 만나러 와준 상대방에 대한 예의이기도 한 거니까. 누군가를 만날 때에는 옷에 돈을 써야겠다. 그런 식으로 생각이 많이 바뀌었어. 한참 내가 돈을 모으기 시작할 때 한두 푼도 낭비하기 싫은 마음에 스트레스가 있었는데 그 책이 해소해줬어. 그래서 지금은 다른 사람 만나는 경우에는 고민 없이 돈을 써.

한 번도 그렇게 돈을 모아볼 생각을 해보지 않았다. A가 나에게 소비에 대한 갈등 경험을 물어봤을 때 고민을 한다고 했지만 사실 거의 고민하지 않았다. 그냥 써야겠다 싶으면 쓰고는 했다. 돈을 모으려면 소비에 대한 조절도 필요하다. 그럴 때 스트레스받지 않고 돈을 잘 쓰기 위해서는 소비에 대한 기준이 필요하다. A가 갖고 있는 기준은 다른 사람을 위해서는 아끼지 않는다는 것이었다. 그런 돈은 상대방

에 대한 표현이니 충분한 값어치가 있다고 판단하고 있었다. 이런
식으로 소비에 대한 나만의 기준이 필요함을 느꼈다.

망하지 않는 성공원칙

마지막으로 주식에서 꼭 알아야 하는 이야기는 무엇인지 물어봤
다. 답은 생각보다 더 단순했다. 기본적인 원칙만 지키면 적어도
망하지는 않는다는 것.

나: 그럼 주식에서 꼭 알아야 하는 이야기에는 뭐가 있어?

A: 사실 대부분은 고리타분한 기본적인 이야기들이지. 당연한 것들.
'분산투자해라. 너만의 포트폴리오를 만들어라. 장기투자하세요. 손절매
는 칠 거면 확실하게 치세요.' 이런 원칙을 지켜서 손실은 최대한 줄이고
수익은 최대한 극대화해야지. 너무나도 고리타분한 이야기들인데, 지키
기가 힘들어.
또 중요한 게 주위에 휘둘리지 않는 것. 본인이 판단을 해서 투자를 하기
로 마음을 먹었으면 그걸 믿는 거지. 본인 확신이 있는 게 아니라 남들 투
자한다고 투자하면 안 돼. 이런 이야기는 다 알아도 지키기가 힘들어. 당

연한 원칙들인데도.

투자자들이 '어떤 주식이 전망이 이렇고 어떤 주식이 유망주예요.'라고 하는 말들은 다 의미는 있어. 그 사람들도 각자 나름의 주장을 하고 책을 쓰기 위해서 공부를 했을 거 아니야. 공부를 얼마만큼 했는지 깊이의 차이는 있겠지만, 당연히 다 일리가 있다고 생각해. 그런데 정확도에 차이는 있을 거야.

나도 처음에 혼자서 주식 예상을하는 글을 쓸 때 말도 안 되는 소설을 썼어. 그런 사람이 있는 반면에 예상이 정말 들어 맞는 사람이 있어. 얼마나 맞는지 정도의 차이가 있는 거지 방향성 자체는 틀리지 않았다고 생각해. 그래도 그렇게 특정 종목에 대한 추천 보다는 기본 지침서들을 확실하게 머리에 넣어뒀으면 좋겠어.

우리나라에서는 투기성 주식을 하는 사람이 너무 많아. '달걀은 나눠 담아라. 한 바구니에 담는 거 아니다.' 이런 격언이 있을 정도인데 많은 사람들이 그걸 안 지켜. 내가 잠깐 절에 들어간 적이 있는데, 코로나 때 주식을 말아먹어서 절 들어오신 분들이 옆에 계셨어. 그분 이야기를 들어봤는데 이해가 안 가더라고. 한 종목이나 두세 개에 거의 전 재산을 넣어버리는 게 이해가 안 가더라. 몇 종목으로 투기성으로 주식을 하는 건 투자가 아니라 도박이지. 오르면 어쩔 거고, 내리면 어쩔 거야. 나 같은 경우도 한 달에 천만 원을 벌지만, 오르는 게 있으면 내리는 게 있지.

그런데 한 군데에 다 돈을 넣어버린다? 좀 아니야. 그리고 또 망하게 되는 한 가지 이유. 남들 넣는다고 다 따라 넣는다. 그 사람들도 다 따라 넣었어. 그런데 이런 사람들이 많아. 우리나라 얼마 전에 그 뭐야, 드론 택시 기사 봤어? 그거 지금 완전 쓰레기 회사 되었잖아. 그 주식으로 우리나라에서 6000억 원이 증발했거든. 그게 거의 다 서민들 돈일 거잖아. 막 2~3억씩 만들어놓은 목돈 다 때려 넣어서 망한거라고. 나스닥 상장이라는 이유 하나만으로 돈을 다 넣어버렸던 거지. 그러니까 다른 사람이 산다고 따라 사는 거 절대 안 돼.

어떻게 보면 다 연결되긴 해. 망하는 사람들의 지름길. 망하는 사람은 망하는 이유가 있어 항상 보면은. 그거 반대로만 하면 되는데 그걸 지키는 게 힘들다는 거지.

망하는 데는 망하는 이유가 있다. 명언이었다. 망하지 않는 성공원칙을 지켜야 한다. 그 성공원칙에는 '분산투자하기, 장기투자하기, 나만의 포트폴리오 만들기, 주위에 휘둘리지 말고 본인의 판단을 따르기'가 있었다. 이 내용들은 주식의 기본 책들에서 항상 나오는 이야기라고 한다. 인터뷰를 하며 주식을 어떻게 해야 할지 감이 잡혔다.

주식, 꿈을 위하여

마음속에 어떤 꿈을 갖고 있는가? 거창한 꿈이 아니더라도 무엇을 하고 싶다는 마음은 하나쯤은 갖고 있을 것이다. 여기저기 여행을 다니며 살고 싶다. 행복한 가정을 이루고 싶다. 좋은 환경에 있는 깨끗하고 넓은 집에서 살고 싶다. 혹은 혁신적인 기술을 가진 회사를 만들고 싶다. 많은 기부를 하고 싶다. 어떤 꿈이든 그 꿈을 이루기 위해서는 일정 수준의 돈이 필요하다. 그래서 우리는 다 어떤 직업으로 돈을 벌어야 할지 고민해왔다. 중학교에서부터 어떤 직업을 하고 싶은지 적어내라고 하고, 대학에 들어올 때도 어떤 직업을 가질지 정해야만 했다.

나도 어떤 직업을 가질지 계속 고민해왔다. 어떤 직업이 나에게 가장 잘 맞을지, 어떤 일을 하면서 돈을 벌어야 할지 고민했다. 계속 갈등했던 지점이 무엇이냐면 소득은 적지만 하고 싶은 일을 할 것인지 혹은 흥미가 별로 없어도 소득이 많은 일을 할 것인지. 이게 계속 고민이었다. 둘 중의 하나를 골라야 하는데 왜 고를 수 없었던 건지 아는가? 두 선택지 모두 원하는 게 아니었거든. 돈도 많이 벌면서 원하는 일도 하면서 살고 싶거든. 왜 이건 불가능하다고 생각했을까? 소득과 흥미. 둘 다 가질 수 있다. 어떤 직업을 갖던 돈을 많이 벌 수 있다. 돈을 꼭 직업으로만, 노동으로만 벌지 않아도 괜찮기 때문이다.

돈을 꼭 직업으로 벌지 않아도 된다. 이 사실을 깨달으면서 생각에 큰 전환점이 생겼다. 다음 그림은 자본수익률과 경제수익률의 변화를 나타낸 그래프이다.

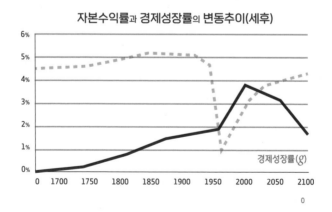

점선은 자본수익률로 돈으로 버는 돈을 의미한다. 실선은 경제성장률로, 노동으로 버는 돈이 어떻게 변화했냐를 알려준다. 20세기 중반부터 21세기 초까지만 해도 경제 성장을 워낙 강하게 이루고 있어서 자본수익률보다 경제성장률이 더 높았다. 이 시기에는 스스로의 힘으로 열심히 일하면 계층 이동을 할 수 있었다. 그런데 지금은 자본수익률이 경제성장률보다 더 높다. 노동을 열심히 해서 돈을 벌어도, 돈으로 버는 돈보다는 못 번다는 이야기이다.

경제학자들은 이 차이는 앞으로 더 커질 거라고 예상한다. 즉, 갈수록 노동의 가치는 더 떨어지고 있다는 뜻이다. 월급보다는 물가가 더 빠르게 상승할 예정이다. 지금껏 큰 부자가 된 사람들도 대부분 노동으로 돈을 벌지 않았다. 다수가 주식, 부동산 등의 재테크로 부를 이루었다.

아무리 열심히 노동을 해서 돈을 벌어도, 돈으로 돈 버는 사람은 이기지 못한다. 어떤 부자의 말에 따르면 노동을 통해 번 돈은 진짜 수입이 아니란다. 나의 시간과 돈을 교환했을 뿐, 추가로 얻어낸 무언가가 아니라는 의미이다. 돈으로 버는 돈이 진짜 돈이라고 한다. 노동의 가치가 외면당하는 절망적인 현실이지만, 방법을 찾아야 한다. 앞으로 잘 살아나가려면 투자를 알아야 한다.

A도 이런 이유에서 주식 투자를 시작했다고 한다.

"주식에 특별히 관심을 가진 게 아니라 일찍 경제적 현실을 깨달았어. 집이 그렇게 유복하지는 않은 편이었어. 어렸을 때 운동을 했었는데 경제적 문제 때문에 그만뒀거든. 쉽게 말해서 어릴 때 일찍 경제적인 현실의 맛을 보고 많은 생각을 한 거지. 경제력이 중요하구나를 느꼈어."

일찍 경제적인 현실에 관심을 갖게 된 A는 어떻게 하면 돈을 벌 수 있을까 하는 생각을 수없이 많이 했고, 돈을 많이 벌 수 있는 방법을 알아보다가 투자를 선택했다. 투자의 장점은 돈이 돈을 벌 수 있기 때문에, 한계가 없다고 느꼈기 때문이다. 그리고 경제에 관심이 많아서 많은 경제 책을 읽으면서 요즘 시대와 예전 시대는 다르다는 것을 느꼈다고 한다.

"옛날에는 은행 이자율이 높아서 다른 재테크를 안 하고 은행에만 넣어둬도 큰 목돈을 만들 수 있는 시대였잖아. 그런데 지금은 은행의 이자율이 낮으니까 그렇지 않거든. 그러면서 의사로도 부자가 되기 더 더욱 어렵다는 걸 깨달았어. 옛날 의사들은 어떻게 부자가 되었냐. 투자하지 않고 월급이 들어오면 매번 통장에 넣었지. 당시에는 의사의 월급도 지금보다 상대적으로 더 높았고 통장에 넣어두면 이자율이 높으니까 돈이 더 많이 모였지. 그런데 지금은 경제 성장기가 아니니까 이자율도 낮고 의사 월급으로도 한계가 있어. 나는 의사 평균 연봉보다 훨씬 많이 벌고 싶거든. 월 5000만 원은 벌고 싶어. 그러려면 의사로는 힘들잖아. 그래서 방법을 찾다가 주식을 시작했지."

경제 성장기가 아닌 지금 높은 수익을 얻기 위해서는 투자를 해야 한다. 주식은 부동산처럼 큰돈이 필요하지도 않고, 보통 사람들도 부를 창출할 수 있는 좋은 기회이다.

부모님께 주식을 해보려 한다고 이야기를 했을 때, 주식은 위험하니까 자제하라는 이야기를 들었다. 나에게 공부나 열심히 하라고 하셨다. 주식은 정말 위험할까? 조금만 알아보니까 주식은 위험한 일이 아니었다. 오히려 돈을 그냥 계좌에 놔두는 게 더 위험한 일이다. 물가는 계속 상승하는데 계좌의 잔고는 그대로니까 가만히 있으면 내 돈의 가치는 떨어지는 것이다. 다르게 말하면 돈을 잃고 있다. 아무것도 안 해서. 우리나라에 주식 시장이 생긴 이후로, 주식의 평균 성장률은 연

8.9%이다. 은행 예금보다도 높은 수치이다. 그러니까 어떻게든 투자를 하는 게 더 안전한 일이다.

나도 전에 주식을 해본 경험이 있다. 주위에 주식을 하는 친구들이 많길래, 조금이라도 수익을 얻으면 좋겠다는 생각으로 투자를 했다. 조금의 수익을 원했기 때문에 그 정도의 노력을 했고 그만큼의 성과를 얻었다고 생각한다.

A와의 가장 큰 차이점은 열망하는 정도가 달랐다는 것이다. 많은 돈을 벌기를 원했기 때문에 많은 노력을 했다. 매일 신문을 읽고, 170권의 책을 읽고, 돈을 아껴 쓰고, 투자에 시간을 쏟았다. 그리고 실제로 큰 이익을 얻어내고 있다.

이제는 생각을 바꿔봐야 한다. 제대로 투자를 해봐야 한다. 제대로 공부를 해서. 투자를 이용해서 어떤 직업을 가지든지 높은 소득을 얻을 수 있고, 꿈꾸는 삶에 가까워질 수 있다.

신문 읽기를 시작하다

코로나로 경기가 불황인데 왜 주식 시장의 가격이 상승했을까?

주식 시장의 변동을 설명하는 기본적인 질문이다. 주식 투자를 하기 위해 적어도 내가 돈을 맡기고 있는 공간이 어떻게 돌아가는지는 알아야 한다. 예전부터 경제 공부를 해야겠다고 생각은 해왔는데, 특별한 공부를 하지 않아도 괜찮았다. A가 가장 기본으로 삼고 있었던 공부 방법인 신문 읽기로 큰 효과를 볼 수 있었다. 신문을 어떻게 읽었고 어떤 효과를 얻었는지 소개하려 한다.

먼저 종이로 된 신문을 구독해서 읽는 게 좋다. 종이 신문에서는 기사들이 중요도에 따라 배치가 되어있어서 어떤 뉴스가 중요한지를 알 수 있고, 가장 중요한 기사를 골라 읽을 수 있다는 장점이 있다. 그리고 인터넷 뉴스를 보다 보면 다른 SNS에 들어가 정신이 팔린다거나 해서 시간을 허비하게 된다. 확실히 인터넷으로는 꾸준히 보기 힘들겠다는 생각이 들었고, 신문 웹사이트에 들어가서 신문 구독을 신청했다. 가격은 월 2만 원이고 대학생 할인을 받으니까 월 1만 원이었다. 월 1만 원이 나의 계좌를 탈바꿈시켜주길 바라면서 결제 등록을 했다. 신문을 읽으면서 '나도 주식 고수가 될 수 있겠지?' 하며 신이나 언제 신문이 도착할까 기다려졌다. 구독을 신청하고 3일 후, 문을 열어보니 신문이 도착해있었다. 이렇게 반가울 수가. 소중히 집어서 펼쳐보았다. 부드러운 촉감, 특유의 잉크 냄새, 팔을 넓게 벌려 잡아야 하는 크기. 펼치자마자 똑똑한 사람이 되는 것 같고 기분이 좋았다.

신문에 있는 기사를 하나하나씩 읽어나가기 시작했다. 그렇게 기사를 꼼꼼히 읽다 보니까 이걸 다 읽으려면 3시간은 넘게 걸린다는 사실을 깨달았다. 매일 3시간을 신문에 투자할 수는 없다. 그래서 신문을 효과적으로 읽는 방법을 알아냈다. 헤드라인을 중심으로 전체적으로 훑어보고 관심이 있는 기사를 골라 꼼꼼히 읽는 방법이다. 그중에서 중요하다고 생각하는 기사를 3개 정도 뽑아서 스크랩했다. 가위로 오려서 노트에 붙이고, 그 옆에 내용을 간단하게 요약해서 적었다. 모르는 내용이 있으면 인터넷에서 더 찾아보고 정리를 했다. 처음에는 이런 식으로 읽으면 1시간이 넘게 걸렸는데, 매일 계속하다 보니까 익숙해져서 30분이면 그날의 신문 내용을 전반적으로 다 알게 되었다. 비슷한 내용이 반복되는 경우도 많아서 제목을 보면서 내용을 예상할 수도 있었다.

매일 신문을 읽으면 변화가 조금씩 느껴진다. 기본적인 경제 용어들에 대한 지식이 쌓인다. 예를 들면 채권, 리츠, DSR 이런 처음 들어보는 단어들이 많았는데 인터넷에 검색하면서 어떤 개념인지 이해하게 되었다. 계속 들어보기만 했던 '금리'에 대해서도 드디어 알게 되었다. 금리가 무엇인지, 돈의 공급과 수요에 따라 어떤 방식으로 변동되는지, 기준금리와 시장금리는 또 무엇인지 드디어 이해하게 되었다. 이렇게 투자와 경제에 대한 지식이 쌓이게 되었다. 어디에서도 알 수 없었던 삶에 꼭 필요한 경제 지식을 알게 된 것이다.

이에 더해, 세상의 흐름을 알 수 있게 도와준다. 기업들의 상황에 대한 기사가 나와 있으니까 각 기업이 어떤 분야에 투자하고 있고, 어떤 성과를 내는지 알 수 있게 된다. 성장하고 주목받는 산업이 무엇인지 알 수도 있다. 이를 바탕으로 어느 산업에 투자해야 좋을지 안목을 갖추고 투자를 할 만한 새로운 회사를 알 수 있다. 예를 들어, 앞으로 전기차 시장이 발달하면서 배터리의 사용이 늘어나고 그러면 이 배터리를 처리하는 폐배터리 처리 산업이 중요하다는 사실을 알 수 있었다. 그리고는 몇 달 뒤에 폐배터리 관련 회사의 주가가 크게 올랐다는 기사를 확인할 수 있었다.

자연스럽게 주식 시장에 대한 이해도가 높아진다. 전에는 코로나19 이후에 주식이 왜 많이 올랐는지 이유조차 몰랐다. 생각해보면 경제가 침체되었는데 주식이 오른 게 정말 이상한 일인데 말이다. 경제가 침체인데 왜 주식은 올랐지? 생각해본 적 없었다. 이 질문의 답은 신문을 읽은 지 이틀 만에 찾을 수 있었다.

경제 침체를 막기 위해 정부에서 금리를 낮추고 돈을 풀어서 그 자금이 주식 시장으로 흘러들어왔기 때문이었다. 앞으로는 미국에서 테이퍼링을 실시할 예정이고, 이에 맞춰 한국 정부도 금리를 올릴 예정이라는 사실을 미리 알 수 있었다. 테이퍼링이란 중앙은행에서 시장에 풀던 돈을 조금씩 줄이는 행위이다. 미국의 테이퍼링 논의에 따라 주식 시장의 전망을 예측하는 전문가들의 의견도 알 수 있었다.

주의할 점은 신문을 단편적으로 받아들이면 안 된다는 점이다. 특정 회사의 실적이 올랐다는 뉴스가 신문에 등장하면 이미 모든 세상 사람들은 알고 있는 사실이니까 주식에는 이미 반영이 되어 가격이 상승했을 것이기 때문이다. 따라서 신문과 반대로 생각해보는 역발상도 하면서 다양한 정보를 스스로 종합해 생각하는 능력이 필요하다. A가 강조했던 '신문을 읽으며 자신만의 생각을 펼쳐나가는 것'이 어떤 의미인지 신문을 직접 읽어보니까 와 닿았다.

예를 들어 전쟁 이슈가 나와도 그냥 전쟁이구나라고 받아들이지 않고 어떤 산업과 주식이 영향을 받을 것인지 생각해 볼 수 있다. 기니에서 쿠데타가 일어났다. 기니는 알루미늄의 주요 생산, 수출국이다. 쿠데타로 인해 알루미늄 공급에 차질이 생겨 알루미늄값이 상승했다. 그 결과로, 알루미늄 부품을 판매하는 주식이 올라갔다.

이런 결과가 눈에 보이기 전에 기니에서 쿠데타가 일어났다는 정보만으로 최종결과를 생각해볼 수 있는 능력이 필요하다는 의미였다. 이 능력을 키우기 위해 신문이 오지 않는 매주 일요일에는 스스로 글을 쓰며 주식의 변동을 예상해보는 연습을 시작했다.

앞으로 유망한 산업에 대해 조사하기도 하고, 증권회사의 리서치 보고서를 찾아보면서 특정 회사에 대한 분석을 따라 할 수 있다. 회사의 주요 사업과 실적을 조사하고 주가 전망에 대한 의견을 작성하는 방식으로 주식에 대한 나만의 주관을 세우고 보고서를 써보는 것이다. 아직은 A가 말했던 대로 소설에 해당하는 수준이더라도 점점 정확도가 높아지겠지?

워런 버핏도 세상을 알려면 가장 먼저 경제신문을 보라고 이야기했다. 실제로도 그는 수십 년간 신문을 읽는 습관을 지키고 있다고 한다. 앞으로 꾸준히 신문을 읽어 투자의 바탕을 쌓아보자.

책으로 주식을 아는 법

A는 높은 수익을 얻을 수 있었던 배경으로 책을 강조했다. 170권 정도의 책을 읽고 주식의 기본 지침을 알 수 있었고, 세상을 연결 지어 보는 시각도 갖게 되었다고 한다.

어떤 책을 읽어야 할지에 대해 찾아봤다. 추천목록들이 많았다. 그중에서 10권의 책을 골랐다. 경제의 역사를 설명하는 책을 읽으며 갖가지 경제이론에 대해서 이해하고, 기초적인 지식을 쌓았다. 고성장, 고물가가 오는 상황일 때 주식, 채권, 원자재의 가격이 어떻게 달라지는지 알 수 있었다. 워런 버핏, 피터 린치와 같은 유명 주식 대가들이 쓴 고전 주식 책으로 주식의 기본 원리를 알아봤다. 한국의 주식 전문가들이 쓴 책을 읽으면서 실용적이고 구체적인 정보를 얻었다.

모든 책에서 말하고 있는 하나의 주장이 있었다. 바로 자신만의 투자 철학을 가지라는 것. 공부를 통해 투자원칙을 세우고 실제 주식을 하면서 자신에게 맞게 수정하는 과정이 필요하다.

그리고 어떤 투자를 할 것인지 정해야 한다. 방어적 투자와 공격적 투자. 시장의 평균 정도에 해당하는 수익을 얻는 방어적 투자를 할지, 평균을 상회하는 공격적 투자를 할지 선택해야 한다. 공격적 투자를 원한다면 많은 공부와 노력, 회사의 경영자 못지않은 지식이 필요하다고 말하고 있었다.

다음으로는 '적정 주식을 적정 가격에 매수하라'는 이야기였다. 투자할 종목을 찾는 방법은 아주 많다. 두 가지로 나눌 수 있다. 먼저 산업군을 정해 그 산업 내의 회사를 찾는 방법이다. 미래에 큰 성장이 예상되는 산업을 골라 그 산업에서 중요한 역할을 하는 회사를 찾아 평가한다. 다음으로는 특정 회사를 선택해 자세히 조사해보는 방법이다. 재무제표와 사업보고서를 읽으며 앞으로의 성장성을 판단하는 것이다.

피터 린치의 책을 읽어보니 그는 주식 종목을 주식 분석가들에게 추천받았다고 했다. 요즘은 이런 인맥이 없어도 되는 정말 좋은 시대이다. 유튜브도 있고 블로그도 있어서 어디서나 전문가들의 의견을 들을 수 있다. 증권사에서 나오는 사업보고서도 공개되어 있다.

자신의 주식에 대한 적성과 현재 갖고 있는 자본을 생각해보면서 주식에 시간을 얼마나 쏟을 것인지 정해야 한다. 그렇게 시간을 쏟기로 결정했다면 충분한 공부와 경험으로 원칙과 기준이 있는 주식 투자를 해나가자.

책을 읽을 때는 꼭 종이에 메모해가면서 읽었다. 중요한 내용을 요약하거나 기억하고 싶은 문장을 적었다. 기억에 훨씬 잘 남았다. 좋았던 방법은 책을 읽을 때 모든 걸 다 이해하려 하지 않아도 괜찮다는 마인드이다. 꼭 완벽하게 끝까지 읽지 않아도 괜찮다. 이런 마인드를 가질 때 오히려 책을 더 잘 흡수할 수 있다는 생각이 들었다.

주식에 대해 알겠다는 뚜렷한 목표를 갖고 책을 읽으니 훨씬 빠르게 읽을 수 있었다. 한 책당 길어도 3일이면 읽을 수 있다. 한 권을 끝내고 나면 읽고 싶은 책이 계속 생겨났다. 이 책을 읽으면 돈을 더 벌 수 있다는 생각에 의욕이 났다.

책 읽기는 시작할 때는 정말 어렵지만 근육이 생긴다. 쉬운 책부터 읽어보자. 사고력의 기반이 된다. 이것을 바탕으로 주식 시장에서 판단을 할 수 있다. 강력한 각인이 일어나 기본 원칙도 지킬 수 있게 된다.

확신

주식에 대해서 보고 경험한 바로는 확신이 정말 중요하다. 투자 공부도 확신을 만들어가는 과정이라는 것에 핵심이 있다는 생각이 든다. 단순한 느낌에서 오는 확신과 공부를 바탕으로 한 확신은 확실히 다르다. 기반이 있는 느낌과 기반이 없는 것. 이건 나도 경험해 봐서 안다. 작년에 주식을 시작했을 때 4개의 주식을 매수했다.

하나는 주식 책에서 알려준 분석 방법을 도입해 신중하게 살펴본 주식. 하나는 우량주. 하나는 느낌이 오는 것. 하나는 다른 사람이 추천해 준 것. 결과가 어떻게 되었냐. 뒤의 두 종목은 떨어져서 손해인 상태에서 팔아버렸다. 더 바닥을 칠까 봐 불안해서. 그리고 앞에 두 개는 계속 갖고 있었다.

첫 번째 종목, 내가 공부해서 한 것은 기다림 끝에 64%의 수익률을 봤다. 떨어지는 순간에도 내가 직접 이 회사가 튼튼한 자본과 기술, 그리고 저평가된 주가를 갖고 있었다는 걸 확인했기 때문에 오를 것이라 생각했다. 하지만 아쉽게도 많은 돈을 투자하지는 않아서 수익이 크지는 않았다.

이것도 확신의 문제였다고 생각한다. 만약 내가 좀 더 오랫동안 공부를 한 상태였다면 나의 분석에 확신을 가졌을 것이다. 그렇다면 많은 돈을 투자해도 불안하지 않았을 것이고, 더 큰 수익을 봤을 것이다. 그리고 떨어지고 있을 때 팔았다는 두 주식도 결국 몇 달이 지난 후에는 올랐다. 그 주식이 좋은 주식이냐 아니냐도 중요하지만, 내가 그 주식을 어떻게 생각하냐가 더 중요했던 것이다.

믿지 못하겠다면 내가 했던 것처럼 여러 종류를 적은 금액 정도만 사보는 것도 추천한다. 나도 직접 경험해본 후에야 책에서 말한 것들이 사실이라는 것을 뼈저리게 느꼈다.

A도 투자를 하면서 두려움을 느끼지 않았던 게 확신이 있었기 때문이라고 말했다. 투자할 때 걱정이나 두려움은 없었냐고 물었을 때 이렇게 답했다.

"공부를 많이 하고, 업종에 있는 사람들한테 조언을 얻거나. 그러면 어느 정도 그건 없어. 불안함은 없어. 공부를 했고 내 경험이 있으니까."

공부와 경험은 두려움을 없애준다. 또 절대로 확신 없이는 투자하지 않는다고 했다.

"공부를 하고 얘가 오를 것 같은 데라는 종목이랑, 얘가 오를 것 같은 데 하고 공부를 하는 종목이 있어. 느낌이 오는 게 있어. 근데 내가 여기에 바로 넣지는 않지. 말했잖아. 기본 원칙을 지키는 게 정말 중요하다고."

또 투자의 금액도 신경 써야 한다고 말한다. 금액이 불안감과 관련이 있으니까. A는 자신의 경험을 소개해주었다.

"언제 한 번 내가 한 종목에 평소 넣는 것보다 3배 정도를 넣어봤어. 그랬는데 오르긴 올랐는데 내가 중간에 못 버티고 뺐어. 한 달도 안 돼서. 이득을 봤지만 기다렸다면 더 큰 이득을 봤을 거야. 만약 내가 금액을 적게 했다면 아 오르겠지 하고 기다릴 수 있을 텐데 금액이 크니까 혹시나 떨어지면 어떡하지라는 불안감이 생기더라고. 나도 모르게.

그걸 제어할 수 있는 능력이 필요한 것 같아.

그건 자기가 조금조금 해보면서 늘려가는 거지. 투자라는 건 내가 신뢰를 가지고 기다릴 수 있어야 하는 거고. 약간 어느 정도 자기 역치를 넘어가면 불안해지는 것 같아. 이건 내가 올 초에 경험했었거든.

신년이니까 크게 한번 놀아보자 하고 거한 마음으로 질렀는데. 일찍 빼버리는 바람에 이득을 조금밖에 못 보기도 하고 그 3주 동안 불안하고 신경 쓰이니까 일상이 안 되는 문제가 있었어. 왜냐면 장기투자나 우량주를 하려면 기다려야 되는데. 믿고 기다리려면 잊는 게 가장 좋은 것 같거든. 내가 봤을 때. 두 달에 한 번씩 보고 손절 치고 그래야 되긴 하는데. 잊으려면 신경을 안 써야 된다는 거잖아. 그걸 할 수 있는 정도가 있는 것 같아. 지금은 그게 내가 어느 정도인지를 알게 되었어."

불안하지 않을 수 있는 금액부터 시작해야 한다. 그다음에 경험을 통해 그 크기를 늘려나가야 한다.

책에서 공통적으로 계속 나오는 이야기도 이런 내용이었다. 공부를 통해 믿음을 갖게 되고 점점 본인에게 맞는 투자 스타일을 알아가야 한다. 공부를 하고 경험을 쌓아가자!

소비습관 바꾸기

돈을 모아 부를 이루기 위해서는 쓰는 돈도 중요하다. A의 소비습관 이야기에 적잖은 충격을 받았다. 누군가를 만날 때에 돈을 아끼는 것 같지는 않는데, 혼자서는 커피를 만들어 마시며 절약을 하고 있었다. 과거의 기억이 하나 떠올랐다. 예전에 A와 함께 술을 먹고 집에 가려는데 1시간이 넘는 거리를 걸어간다기에 택시비를 내줬던 기억. 생각해보니까 사실 나보다 돈이 훨씬 많은데 그랬네? 누가 누구를 걱정했던 거야. 평소에 소비에 대해서도 많이 생각하고 돈을 잘 쓰려고 노력했구나.

지금까지의 나의 소비를 떠올려봤다. 대학에 오고부터 돈을 관리했다. 용돈으로 쓰기 위해 과외로 돈을 벌면서 미리 돈을 모아야겠다는 생각은 갖고 있었다. 얼마를 모아야 한다는 목표는 없었고 아껴야 한다는 막연한 생각만 갖고 있었다.

　소비할 때마다 고민을 하기는 했다. 돈을 어떻게 써야 하지. 돈을 아끼기에는 너무 현재를 포기하는 거 아닌가? 청춘을 즐기라던데. 특히 요즘은 욜로, flex가 유행이잖아. 아끼면 현재의 행복을 버리는 것 같고 그렇다고 막 쓰기에는 낭비인 것 같아 스트레스를 받고는 했다. 그래서 그냥 필요한가 아닌가 정도를 고민했다.

　나에게 필요하다고 느끼면 쓰고 아니면 아끼려고 했는데, 기준은 없었다. 지나가다 예뻐 보여서 하나씩 샀던 1, 2만 원짜리 귀걸이가 쌓여있는 게 눈에 들어왔다. 그리고 사실 내가 얼마를 쓰는지도 잘 몰랐다. 지난날 얼마를 벌었고 현재 정확히 돈이 얼마나 있는지도 몰랐다. 돈을 많이 모으기로 결심을 했으니, 돈 관리를 제대로 해야겠다 결심했다. 먼저 나의 소비습관에 대해서 알아봤다. 수입이 얼마였는지, 지출이 얼마였는지, 돈을 주로 어디에 썼는지 확인했다. 관련 앱이 잘 되어있어서 확인하기가 어렵지 않았다. 앱을 사용해서 내가 어떤 분야에 얼마를 쓰면 좋을지 목표를 정해 관리할 수도 있었다.

　소비 목표를 정하기 위해 내가 어디에는 돈을 쓰고, 어디에는 돈을 아끼고 싶은지 정하는 게 도움이 된다. 나는 건강을 최우선으로 두기로 했다. 의자에 앉아있는 시간이 많으니까 허리 건강을 위해 의자에는 돈을 들였다. 운동도 들이는 돈 이상의 가치가 있다고 생각해 소비하기로 결정했다. 그 대신 밖에서 사 먹는 음식이나 습관적으로 샀던 간식을 줄이기로 했다. 최대한 집에서 조리해 먹어도 삶의 만족도가 떨어지지 않았다.

이 방법으로 현재 소비에 대한 만족감도 더 크게 느낄 수 있었다. 돈을 쓰면서 내가 얻는 가치를 충분히 느끼게 되기 때문이다. 정말 좋은 물건을 사거나 나의 발전에 도움이 되는 소비를 했을 때에는 자산이 주는 게 아니라 커진다고 느낀다. 그 소비로 삶이 더 풍요로워질 수 있으니까 말이다.

그렇게 기분 좋게 쓸 수 있는 곳에 소비를 하고 그 기분 좋음을 한껏 느끼면 된다.

돈을 알다

앞선 과정을 거치면서 주식을 공부하고 경제를 이해하고 소비습관을 점검했다. 이제 부자가 될 수 있을까? 무언가 하나 부족한 느낌이 들었다. 돈을 벌어서 뭐 할거지? 부자의 기준은 어디까지지? 돈에 대한 가치관을 생각해보지 않았다. 왜 돈을 벌어야 하고 얼마큼 벌어서 무엇을 하고 싶은지, 돈에 대해서 알아야 한다.

돈은 중요할까? 부자들은 '그렇다'라고 말한다. 우리가 사는 세상은 자본주의 사회이고, 돈이 그 기본을 이루고 있다. 밥을 먹을 때도, 잠을 잘 때도, 취미를 즐기고 싶을 때도, 원하는 무언가를 하려고 하는 매 순간에 돈이 필요함을 느낀다.

돈을 좋아한다고 하면 속물적인 사람이 되고 삶이 불행해지는 줄 알았다. 진실은 오히려 그 반대야. '돈으로 행복을 살 수는 없다.' 우리가 어렸을 때 유행하던 말이었다. 그런데 돈으로 행복을 살 수는 없지만, 행복해질 기회는 살 수 있다.

미국 펜실베이니아 대학교에서 최근 실시한 돈과 행복의 연관성에 관한 연구가 이 사실을 말해주고 있었다. 연구진들은 실험참여자가 매일 순간순간 느끼는 감정이 긍정적인지 부정적인지 조사했다. 그 결과를 소득수준과 비교한 결과, 수입이 증가함에 따라 행복하다고 느끼는 순간도 증가했다.

돈이 많을수록 선택지가 늘어나고 자율적인 삶을 살 수 있어서 삶에 대한 통제감이 증가했기 때문이다. 돈이 많으면 어떤 물건을 살지 말지 결정할 수 있고, 어떤 경험을 해볼지 말지 결정할 수 있다. 돈이 없다면 직접 해야 할 일들을 돈을 주고 다른 사람에게 맡겨 자신의 시간을 더 벌 수도 있다. 할 수 있는 일들이 많아지고 행복의 기회가 늘어난다.

자본주의 사회에서 돈은 이렇게 중요한 존재라는 걸 인식하고, 돈에 대해 알아야 한다는 걸 깨달았다. 돈과 관련된 책을 많이 읽었고, 그 과정에서 하나의 통찰을 얻게 되었다.

바로 '어떻게 그 돈을 얻게 되었는지가 돈의 성질이 된다'는 것이다. 노력 없이 얻은 돈은 한없이 가볍게 여겨져서, 쉽게 빠져나간다. 부정으로 얻은 돈은 갖고 있을 때도 쓰고 있을 때도 그 사람을 죄책감에 휩싸이게 한다. 행복하게 번 돈은 계속해서 그 행복감을 떠올리게 한다. 이런 식으로 돈을 얻게 된 과정이 기억에 새겨져서 우리에게 영향을 준다는 사실을 깨달았다.

그래서 생각한 건, 만약 하늘에서 100억이 떨어지더라도 갖지 않겠다는 것이다. 갖게 된 100억으로 사고 싶은 물건을 다 사고, 하고 싶은 일을 다 한다고 해도 정말 행복할까? 로또 당첨자들의 사례를 봐도 그렇지는 않다. 한 달이면 즐거움이 끝난다. 진정한 행복은 그 100억을 얻어가는 과정, 그렇게 소중하게 얻은 돈을 소중하게 쓰는 과정에서 나온다. 이 사실을 알게 되었다.

나는 내가 금수저가 아닌 것도 감사하다. 아직 가지지 못한 부를 꿈꾸면서 노력하는 순간을 즐길 수 있으니까. 그런 노력을 하는 과정에서 많은 배움과 성장을 얻을 수 있으니까.

돈은 중요하지만, 돈 그 자체로 가치를 지니는 건 아니었다. 기회를 제공해줄 뿐, 실제로 우리의 삶에 행복을 가져다주는 요소는 돈을 버는 과정에서의 노력과 돈을 쓰는 과정에서의 만족감이다. 돈을 목적이 아닌 수단으로 이용해야 한다.

돈을 왜 벌고 싶은가? 돈을 벌어서 무엇을 하고 싶은가? 내가 돈을 벌고 싶은 가장 큰 이유는 '여유'라는 결론을 내렸다. 돈에 대한 걱정을 하지 않고 경제적 안정을 누리면서 마음의 여유를 갖고 싶다.

하고 싶은 일을 할 때 제약을 받지 않을 수도 있고, 돈을 벌기 위해 하고 싶지 않은 일을 하지 않아도 된다. 소비할 때도 나를 위한 더 좋은 품질의 소비를 할 수 있다. 음식, 집, 자동차, 취미, 여행을 즐길 수 있다. 몸을 더 건강하게 유지할 수도 있다. 경제력을 갖고 있으면 다른 사람한테 나누기도 쉬워진다. 그렇게 돈에 제약을 받지 않고 다양한 경험을 하며 풍요로운 인생을 살고 싶다.

무엇보다 중요한 건 돈에 대한 태도이다. 돈에게 긍정적인 감정을 가져야 한다. 돈에 대해 좋은 인식을 가지면 돈을 모으는 과정에서 더 많은 즐거움을 느끼게 되고, 궁극적으로 돈을 이끄는 힘을 얻을 수도 있다.

돈은 우리에게 필요한 물건을 살 수 있게 해주고 우리의 삶에 많은 선택지를 제공한다. 재미있는 경험을 하게 해주고, 원하는 삶을 살도록 도와준다.

지금 갖고 있는 돈의 풍요로움을 느끼고, 그 돈을 소비하면서 얻은 행복을 자주 생각해보자. 돈이 좋고 감사하다는 마음이 들고, 더 많은 행복을 느낄 수 있다.

좋은 집에서 살고 좋은 차를 타면서 좋은 음식을 먹고, 마음에 여유를 갖고 다른 사람과 나눌 수 있는 사람이 되고 싶다. 나는 이 목표를 위해 부자가 되고 싶다. 좋은 수익 창출 방법인 주식을 잘 이용해서 돈을 불려 나갈 거다. 올바른 경제 관념을 갖고 노력해 좋은 수익을 지속적으로 만들어내는 능력을 갖추어 부자가 될 것이다..

03 사업의 가치
B와의 인터뷰
interview

#의대생_사업가

#입시_컨설팅 #연매출_4억

#사업은_자본주의를_공부하는_최고의_방법

#당장_시작_하라

지금 쫓아가야 한다

빌 게이츠, 스티브 잡스, 일론 머스크. 세계에서 가장 유명한 사람을 뽑으라면 나올만한 이름들이다. 이 인물들은 모두 회사의 대표이고 사업을 한다는 공통점이 있다. 아주 강한 영향력을 갖고 세상을 이끄는 사람들이다.

사업은 미지의 영역이었다. 뭔가 거리감이 느껴지고 나와는 관련이 없는 일 같이 느껴졌다. 돈을 잘 벌 수 있는 방법 중 하나 정도로 생각했다. 물건이나 서비스를 팔고 회사를 차리는 일 정도? 사업에 대해 막연한 궁금증은 갖고 있었는데 딱히 자세히 관심을 가져본 적은 없었다. 뭔가 대단해 보이는 일이라고만 생각했다.

다른 의대 학생 중에 사업을 하는 친구가 있다는 사실을 우연히 알게되었다. 궁금해서 그의 인스타그램을 찾아봤었다.

그의 이름은 B. '리베*'라는 이름의 입시컨설팅 회사를 차렸다고 한다. 4개월 만에 월매출 4000만 원을 달성했다는 문구가 보였다. 게시물에 사업에 관련된 내용도 적어놓은 모습을 볼 수 있었다. 경영이 어떻고, B2B 사업이 어떻고. 멋있고 신기했다. 입시컨설팅 회사에 더불어 새로운 사업도 준비하면서 다방면으로 사업을 확장해나가고 있었다. 심지어 나이는 나와 같은 2000년생이었다. 놀라웠다. 어떻게 이게 가능한 거지? 사업에 타고난 친구인가?

네이버에 자신의 인물 정보를 올렸다는 게시물을 보고, 이름을 검색해봤다. 인물 정보에 등록되어 있는 블로그가 하나 나와 있었다. 사업을 하게 된 여러 이야기가 있어서 읽어보았다.

사업을 운영해서 월 4000만 원의 매출을 낸 것. 그게 불과 넉 달 만에 일어난 일이라고 했다. 놀랍게도 그전에는 본인이 아주 평범한 학생이었다고 말하고 있었다. 고생해서 의과대학에 온 것에 대한 보상으로 수업도 대충 들으면서 매일 술 먹고 게임을 하는 일상을 반복했다고 한다. 그저 '일단 주어진 대로 살면서 졸업이나 해야지'라는 마인드로 살아갔다고 한다. 그랬던 평범한 대학생이 지금은 항상 사업을 구상하며 생활하는 사업가가 되었다는 내용이었다.

3개월간 총 1억 이상의 매출을 증명하는 현금 영수증 내역도 있었다. 그 외에도 새로운 사업의 설립을 공표하고, 직원을 채용하고, 사업에 대한 자신의 생각을 소개하는 글들이 있었다. 그 글들은 모두 도발적이었고, 엄청난 자신감과 의지가 느껴졌다. 벌써 컨설팅 사업에 대한 전자책을 써내고, 다른 사람들의 사업을 지도해주는 비즈니스 클래스도 운영하고 있었다. 아예 사업을 컨설팅 해주는 회사도 준비 중이었다.

완전히 새로운 세상을 본 기분이었다. 대단하고 무섭게 느껴졌다. 평범한 대학생들과는 달라도 너무 달랐다. 같은 대학생이라는 사실이 믿어지지 않았다.

B가 대학교에서 진행한 인터뷰가 하나 있었다. 그 인터뷰 내용을 보고 계획하고 있는 미래의 모습을 알 수 있었다. 졸업을 하고 MBA 유학을 간 후 헬스케어 분야의 사업을 하고 추후에는 벤처캐피털을 운영하는 목표를 갖고 있었다.

나도 그렇게 하고 싶은 일이 많다. 여러 꿈도 갖고 있고 유학도 가고 싶다. 그런데 가능성은 잘 보이지 않았다. 나에게는 막연한 미래였는데, 이 친구에게는 뚜렷한 현실로 다가오고 있었다. 블로그를 잠깐 보고 자려고 했는데, 글을 읽을수록 정신이 번쩍 들었다. 남은 글들을 계속해서 읽어나갔다.

성공을 위해 강조하는 실천 의지, 사업에 대한 전문적인 글, 마케팅, 심리학, 경제학에 대한 풍부한 지식, 경제적 자유를 위해 계획 중인 자동화 방식의 수입구조. 그렇게 B가 쓴 블로그의 글을 모두 읽었다. 그는 내가 모르는 세상에 대해 남다른 통찰을 갖고 있었다. 자신감이 넘치고 미래가 유망해 보였다. 완전히 다른 길로 날아가고 있는 것처럼 보였다.

어느 순간 잡념은 모두 사라지고, 오직 명확한 본능만이 남아 나를 향해 외치고 있었다. 멍하니 바라볼 게 아니다. '지금' 쫓아가야 한다.

자기 전 블로그에 들어가 본 게 새벽 1시쯤이었는데, 글을 모두 읽으니 새벽 4시가 되었다. 하지만 잠은 모두 날아간 지 오래였다. 나와는 완전히 다른 세상에서 놀고 있다는 충격 때문이었다. 짧은 시간 안에 저렇게 많은 지식을 쌓고 성장할 수 있다는 게 놀라웠다.

인터뷰를 너무 하고 싶었다. 어떤 사람인지 정말 궁금하고 대화를 해보고 싶었다. 사업이 뭐고, 어떻게 성과를 이뤘는지 물어보고 조금이

라도 쫓아가고 싶었다. 그곳에 막연한 내 미래를 해결할 수 있는 돌파
구가 있을 것 같았다.

인터뷰 요청을 대학 동기인 A가 대신 전해주겠다고는 했지만. 아니,
그거로는 안 되었다. 지금 나의 심정이 그렇게 지나가는 가벼운 부탁이
될 수는 없다. 간절했다. 어떻게든 내 부탁을 들어주게 해서 B를 만나
야 한다.

인터뷰

인터뷰 약속 날짜가 되어 긴장되는 마음으로 장소로 나갔다. 블로그 글을 읽으며 냉정한 사업가일 거라는 생각에 긴장했는데, 막상 만나 보니까 그냥 대학생 친구를 만난 느낌이었다. 먼저 질문도 많이 해주고 말하는 것도 좋아하는 순둥한 이미지의 재미있는 친구였다. 이런 저런 일상적인 이야기를 나눴다. 술 좋아하고, 책 좋아하고, 글 쓰는 걸 좋아하는 공통점이 있어서 반가웠다. 카페에 가서 B와의 인터뷰를 시작했다.

시작의 계기

나: 사업을 2020년 5월쯤에 시작하신 거로 아는데, 어떤 계기로 시작하게 되셨나요?

B: 3월에 유튜브를 보는데 사업 관련 키워드들이 뜨는 거예요. '아 요즘 사업이 유행하나 보다'라고 생각하고 궁금증을 가지고 봤어요. 영상에서 온라인에서 사업을 하면 돈이 많이 필요하지 않다고 하더라구요. 오프라인에서는 1억 정도가 있어야 하는데, 온라인에서는 진짜 조금만 있어도 된다고 말하고 있었어요.

일단은 흥미를 가지고 관련 책들을 읽어보고 찾아봤어요. '부의 추월 차선'이라는 책이 있어요. 그 책의 내용이 이런 거였어요. 아무리 네가 전문직이고 대기업을 가더라도 돈을 많이 못 번다. 부자가 되더라도 다 늙어서 부자가 된다는 말을 계속하는 거예요. 말하는 게 50대에 람보르기니 타는 것보다 2~30대에 타는 게 멋있지 않냐.

나: 아, 하하. 그쵸.

B: 일단은 그 말에 꽂혔어요. 젊을 때 부자가 되어야 한다는 것. 맞는 말이다. 그 책의 내용은 '사업을 해보라'는 거였죠. 어떻게든 한 번이라도 도전을 해보라는 거에요. 일단은 사업을 해보려고 마음을 먹었어요. 이제 문제는 사업을 어떻게 해야 하는지 전혀 모른다는 거였죠. 그동안 수능 공부만 주야장천 해왔는데 뭘 알겠어요. 대학교 1학년 때도 술만 마시고 했으니까 머리에 든 게 없었죠. 일단 유튜브랑 책을 많이 찾아봤어요. 마케팅이

나 경영에 대해 진짜 사업하는 사람들의 이야기를 들으면서, 사업을 어떻게 해야겠다는 지식을 쌓았어요.

3월부터 5월까지, 2달 동안 관련 책들을 진짜 많이 읽었죠. 그 책들을 읽으니까 감이 오는 거예요. 음, 마케팅이란 이런 거고, 회사란 이런 거고. 좋은 책들이 되게 많거든요. 그걸 읽고 5월이 되니까 '아, 이제 해볼 수 있겠다'라는 생각이 들었어요. 그때 사업을 시작했죠. 정리하면 사업에 대한 동기부여도 책으로 얻고, 관련 지식도 책으로 얻었어요.

정확히 5월 22일에 사업자 등록을 처음 내면서 시작을 했어요. 아직도 그때 생각이 나요. 하나은행 가서 사업자 계좌 만든다고 하니까, '몇 살이세요?' 이러는 거예요. 하하하. 계좌 만들 때 민증 보여주잖아요. 그거 보고 '00년생이에요?' 하고 놀라시더라고요. 그리고 현재 재학 학교도 조회가 되더라고요? 학교를 보고 의대를 다니는데 왜 사업하냐고 물어보는 거예요. 신선했던 기억이 아직도 나요.

아이템을 입시로 한 이유는 할 줄 아는 게 그것밖에 없었기 때문이에요. 나의 능력으로 할 줄 아는 게 그것밖에 없어서. 할 수 있는 게 없잖아요. 과외나 엄청 했지. 내가 뭐 음료수 만들 수 있는 것도 아니고. 그렇게 아이템을 입시로 잡고 자연스럽게 시작을 했습니다.

치밀한 계획 없이 즉흥적으로 시작한 사업이었구나. 그래도 바로 시작하게 된 강력한 동기가 따로 있지는 않았을까? 어떻게 바로 시작했지?

나: 책으로 동기를 얻었다고 했는데, 그래도 책 한 권 읽고 바로 해보는게 쉽지는 않았을 것 같은데 그렇게 마음을 먹은 이유가 더 있나요?

B: 한 번이라도 해봐야지 했던 거는 사실 그렇게 큰 도전은 아니었어요. 왜냐하면 은행에서 사업자 계좌를 만든다 해도 돈이 드는 게 아니에요. 그냥 내고 싶으면 내는 거지. 저는 사업이 이렇게까지 커질 줄 상상도 못했어요.

오! 시작은 그냥 가벼운 마음이었구나.

나: 그럼 낼 때는 그냥 가벼운 마음으로 '한번 해보자' 이렇게 한 거예요?

B: 그렇죠. 미래는 생각 안 하고 그냥. 그래도 한 번 해보는 게 나중에 후회는 안 하지 않을까 하고 5월에 시작했어요. 차라리 20대 때 사업해보는 것도 나쁘지 않겠다. 의대 계속 다녀서 졸업하고 군의관으로 군대 3년 갔다 오면 언제 돈 벌 거냐는 생각이 들었어요. 그때 되면 30살인데 이거는 좀 아니지 않나 싶었죠.

그리고 그때 깊은 생각을 많이 했어요. 우리가 공부를 열심히 하는 이유. 힘들게 대학 생활을 하는 이유. 그 주된 이유가 결국 돈 때문 아닌가? 물론 당연히 본인이 원하는 가치를 찾아가는 사람도 있겠지만, 대부분은 돈이 주된 이유잖아요. 고등학생 때부터 내가 명문대에 가야 사회적으로 안정적으로 성공할 수 있어서 공부한 거고, 의대 안에서도 내가 상위권을 해야 좋은 과를 갈 수 있어서 열심히 하는 건데.

결국 그거 페이 때문인데?

지금부터 내가 뭔가 페이와 관련된 무언가를 만들어놓으면, 내가 앞으로 학교 다니면서도 더 행복하지 않을까? 굳이 성적에 연연하지 않고 하고 싶은 거 하면서 살 수 있겠다 싶었죠. 20대 초반에 자본을 만들어놓으면 일반적인 경우보다 10년을 먼저 버는 거잖아요. 그렇게 먼저 벌어 놓으면 또 돈을 굴릴 수도 있으니까.

이렇게 여러 가지 상황이 맞물리면서, 사업을 제대로 마음먹고 해야겠다 다짐했죠. 무조건 휴학하고 해야 한다. 그렇지 않으면 앞으로 불행할 게 눈에 보여서. 이대로 가면 큰일 난다. 그래서 뭔가 도전에 대한 확신을 얻었어요.

B도 내가 평소에 많이 하던 고민을 똑같이 갖고 있었다. 우리가 힘들게 입시를 거쳐 대학을 가고, 직업을 갖고자 하는 이유의 핵심에는 돈

이 있다. 그런데 정작 경제적 여유는 나이가 많이 들어서야 갖게 된다. 그전에는 삶을 위해 돈을 버는 건지 돈을 위해 사는 건지 모를 만큼 자유를 누리기 어렵다. 대학을 졸업하고 부모님이 나이가 드시면 돈을 벌어야만 하는 현실에 마주하게 된다. 그러면 당장 눈앞에 보이는 돈을 좇게 되고, 결혼을 하고 아이까지 생겨 버리면 나를 위한 도전은 더욱 어려워진다.

사업에 대해서

그래서 사업은 어떤 걸까. 감이 잘 오지 않았다. 정확히 하는 일이 뭐고 어떻게 진행하는 거지? 현재 어떤 일을 하고 있는지 구체적으로 물었다.

B: 현재 하고 있는 입시컨설팅 사업은 생기부 관리해주고 자소서 첨삭 해주고 대학 입시를 알아봐 주는 일을 해요. 그러다 이번에는 자녀 교육 관련해서도 준비 중이에요. 아이 심리와 부모 심리를 분석해서 자녀 관계를 도와주는 거죠.

나: 사업 아이디어는 어떻게 정하시는 거죠?

B: 입시는 아까 말했듯이 지금 내가 잘할 수 있는 유일한 분야라고 생각해서 자연스럽게 떠올랐어요. 추가로 떠오르는 건 돈을 벌면서 느낌이 와요. 사람들이 이런 거 좋아하겠다. 그리고 검색 트래픽을 조사할 수 있는 데가 많아요. 네이버 키워드 도구가 대표적이죠. 키워드를 검색하면 관련된 키워드들이 하루에 몇 번 검색되는지가 나오죠. 그런 것도 있고, 커뮤니티 안에 들어가서 맘카페 같은 데에서 이야기하는 고민들을 봤어요.

보다 보니까 자녀와 관련된 문제를 해결 해주는 사람이 없다는 걸 알게 되었어요. '어, 그럼 내가 만들어보면 좋겠네'라고 생각한 거죠. 제가 심리학을 진짜 좋아하거든요. 다른 사람의 마음을 알아야 그 사람이 뭘 원하는지도 알고 어떻게 이 사람한테 팔아야 할지도 알 수 있으니까. 그래서 심리학을 공부했었는데, 심리학에 자녀 문제를 결합하면 좋겠다는 생각이 들어서 상품 기획 중에 있어요.

사업이란 사람들이 필요로 하는 걸 제공하는 거구나. 그리고 사람들이 많이 원하는 요구사항은 검색 트래픽을 이용해 찾을 수 있다. 새로운 사업을 시작할 때 이런 사업과 상품이 있다는 사실을 어떻게 알리고 고객을 구했을지 궁금해졌다.

나: 가장 먼저 한 입시컨설팅의 경우 어떤 방식으로 고객을 구했나요?

B: 5월에 블로그를 시작했죠. 마케팅 수단이 많아요. 대표적으로 네이버가 있고, 그중에 블로그가 있는 거죠. 네이버에 파워링크 알죠?

네이버 검색하면 진한 글씨로 쓰여 있는 건데 그 기능을 잘 활용하면 마케팅하기 좋아요. 마케팅 수단은 카페도 있고, 페이스북, 인스타도 있고 구글도 있어요. 그런 수많은 채널이 있는데, 그중에서 유일하게 돈이 안 드는 게 블로그에요. 네이버에 노출되는 틀에 맞춰서 글을 쓰기만 하면 되거든요. 그래서 돈이 안 드는 블로그를 시작 했어요. 왜냐하면 제가 사업을 시작할 때 수중에 200만 원밖에 없었거든요.

그래서 200만 원의 돈을 마케팅에 쓸 수가 없어서 블로그를 시작했죠. 기본적으로 고객을 구하기 위해서 잘 쓰는 게 블로그 마케팅이에요.

그건 제가 잘하거든요. 블로그 마케팅은 어느 정도 통달이 된 상태라서요. 예를 들어 블로그 글에 특정 키워드를 설정하는 거죠. 특정 대학이 있고, 그 대학 키워드를 검색하면 제 블로그 링크가 초반에 나오게 할 수 있어요. 상위 노출된다고 표현을 하는데 그렇게 노출시키는 법을 알아요. 어떻게 규격에 맞춰서 어떤 걸 이용해서 하면 된다.

그 틀에 맞춰서 내용을 잘 쓰는 거죠. 대신 그 내용에 심리학을 적용했어요. 이 사람이 이 글을 읽고 후킹 된다고 이야기를 하거든요. 후킹이 되어서 '오, 이거 사고 싶은데' 하고 궁금하게 만들어요. 게시글에 들어오면 블로그 안에서 링크가 빙빙 돌게 만드는 거죠. 게시글 마지막에 다른 글 걸어놓고, 재미있으니까 넘어가고, 또 넘어가고, 그걸 고객의 호감이 쌓인다고 표현을 해요. 이 회사에 대한 신뢰와 호감이 자기도 모르게 쌓여요. 회사의 정체가 베일에 가려진 것보다 게시글을 읽으면서 신뢰를 얻기 쉬우니까요. 그걸 읽고 제 홈페이지에 들어와서 상담을 신청하거나 아니면 제 번호로 바로 연락이 와요. 상담받고 싶은데, 어떻게 하면 되겠냐 하면 이제 상담 진행해드리고, 그다음 서비스 구매까지 유도를 하는 거죠. 그런 프로세스입니다.

그렇구나. 나도 이 후킹이라는 것에 당해 밤새 올려둔 블로그 게시글을 다 읽었던 기억이 떠올랐다. B가 추가로 준비하고 있는 회사 중 사업을 컨설팅하는 회사도 있었다. 벌써부터 누군가의 사업을 컨설팅할만한 능력을 갖추었다는 사실이 놀라웠다. 이 회사에 대해서도 물어봤다.

B: 제가 아는 사업하는 형이랑 둘이 사업을 컨설팅하는 회사를 차렸죠. 다른 사람의 사업에 대해서 조언해주는 일이에요. 저한테 개인적으로 연락이 엄청 많이 왔어요. 나도 돈 벌고 싶은데, 뭐부터 하면 좋냐. 나는 지금 한 푼도 못 번 상태인데, 월 300만 원 만들려면 어떻게 해야

되냐, 이런 이야기가 많이 와요. 사실 월 300만 원 버는 게 어려운 일은 맞는데, 어느 정도에 도달하면 쉽거든요. 그래서 새로 사업을 시작하는 사람들을 도와줄 수 있는 플랫폼을 만들고 있어요. 마케팅은 어떻게 해야 하고, 마음가짐을 어떻게 먹어야 하고, 고객을 어떻게 대응해야 하는지. 그런 정보를 제공해주는 거죠.

나: 이런 것들을 두 달 동안 책 읽으면서 다 깨달았던 건가요?

B: 아니죠. 제가 방금 말씀드린 그 회사는 얼마 전에 만든 거예요. 그간의 경험으로 이제 원리가 어느 정도 깨우쳐졌어요. 스타트업은 경험이 없지만, 돈 버는 사업은 이제 공통적인 원리가 있다고 생각했거든요. 그런 것들을 이제 어느 정도 깨우쳤으니까 그 내용을 전달하고 교육해주는 회사를 만들었죠.

> 돈 버는 사업의 원리라고? 그게 뭘까. 정말 궁금하다.

나: 그게 원리가 뭐에요?

B: 원리를 말로는 설명할 수가 없어요. 이게 약간 그런 거예요. 공부를 잘하시잖아요. 그런데 공부를 어떻게 잘해요? 물으면 대답하기 애매하죠.

나: 으음, 그렇죠.

B: 진짜 애매하죠. '어…' 라고 생각할 수밖에 없는. 그런데 본인은 체득이

되어있잖아요. 어 그냥 이렇게 하면 되는데 쉽게 설명해주는 게 어렵잖아요. 약간 자전거 타는 법을 알려주는 게 엄청 어려운 것처럼요. 진짜 말로 어떡해요? 라고 물어보면 할 말이 없어요. 이런 경우 때문에 그 회사를 만든 거예요. 다들 어떻게 해요? 어떻게 그렇게 잘해요? 하는데. 대답할 방법이 없는 거죠.

그래서 사업에 관련된 공식들을 다 문서화를 시켰어요. 주제별로 칼럼을 써서 읽을 수 있게 해주는 거죠. 예를 들어 이제 사업으로 400만 원을 벌었으면 1000만 원을 뚫어야 하는데 여기서 할 수 있는 것들에 대한 리스트를 제공하죠.

이제 흔히 생각하는 대학생 창업가가 있잖아요. 저는 약간 결이 다르다고 생각해요. 방향이 완전 달라요. 그런 분들 보면 대부분 스타트업 하시는데 사실 스타트업은 돈을 빨리 벌기 힘들잖아요. 저는 그게 싫어서 이런 창업을 한 거라서. 실질적으로 내 주머니가 풍족해지는 건 이런 사업이 아닐까.

아, 스타트업. 스타트업 많이 들어봤지. 스타트업이랑 지금 하고 있는 사업은 다른 개념인 건가? 어떤 차이점이 있는지 물어봤다.

B: 소득이 얻어지는 과정이 다르죠. 스타트업에서는 손익분기점이라는 말이 중요해요. 손익분기점이라는 게 손해를 보다가 이익으로 바뀌는 시점이잖아요. 스타트업은 이 시점에 도달하기까지 걸리는 기간이 길어요. 초반에는 계속 손해 봐요. 채용도 하고, 플랫폼도 만들고, 앱이나 웹사이트도 만들죠. 문제는 그걸로 당장은 돈을 못 벌잖아요. 어느 순간 시장이 형성되고 손익분기점을 넘어가야 돈을 버는데, 문제는 그전까지 그게 잘될 거라는 걸 아무도 모른다는 거죠. 잘 된다 하더라도 얼마나 걸릴지 아무도 몰라요.

그래서 저는 아직 돈 버는 방법도 모르는데, 이런 스타트업을 하는 건 위험하다고 생각했어요. 먼저 돈을 많이 벌면서 재무에 대한 감각을 배우고 싶었어요. 그래야 나중에 스타트업을 한다면 어떻게 해야 사람들이 좋아하는지를 알고 빨리 매출을 낼 수 있을 것 같아서.

제가 하는 사업은 시작하면 바로 매출이 나와요. 스타트업 모임이랑 일반 사업 모임을 가보면 분위기가 정말 달라요. 이런 사업 쪽 지인을 만나면 돈 이야기가 거의 다죠. 이번에 매출이 얼마인지에 대해 이야기 하구요. 사실 둘 다 고객들의 니즈를 맞추는 건 똑같은데 궁극적인 뭔가가 다르죠.

사업이라는 개념 안에는 두 종류의 회사가 있었다. 찾아보니 정확한 구분은 어렵지만 스타트업과 일반 기업으로 나눌 수 있고, 어떤 식으로 성장을 하느냐에 차이가 존재한다. 스타트업은 투자를 받고 급상향으로 성장을 하여 시장을 장악한다는 목표를 갖고 있다. 일반 기업은 매출을 목표로 완만한 우상향의 성장을 해나간다. 처음 알게 된 사실이었다. 사업이 어떤 건지 대략적 으로 알게 되었다.

어려움과 극복

사업을 할 때 분명 어려운 점이 있었을 텐데 어떤 경험이 있었을까 궁금했다.

나: 사업을 운영하면서 겪은 어려움이 궁금한데, 어떤 게 가장 어려웠나요?

B: 일단 모든 선택에 책임감이 가중된다는 게 가장 어려웠어요. 대학교 1, 2학년을 보내면서 제 선택에 어려운 결정이라는 건 없었거든요. 어려운 결정이라고 하면, 새벽 한 시에 술 먹자고 연락 왔을 때 나갈지 말지. 이런 게 최대 결정이었는데. 하하하. 이제 사업을 하니까, 돈을 가지고 하는 결정이잖아요. 뭐, 쇼핑에 관한 결정이랑은… 그것도 어렵긴 한데, 느낌이 많이 다르니까요. 이건 내가 잘 이끌어 나가야 하는 회사니까. 돈을 쓸 때와 안 쓸 때를 결정하는 게 지금도 어렵고 예전에도 어려웠고 계속 어려

울 것 같아요.

나: 쓸 때랑 안 쓸 때? 예를들면…?

B: 예를 들면 사무실 옮기는 경우요. 이게 엄청난 비용이 들잖아요. 몇 천만
원이 들어요. 웹사이트 리뉴얼 이런 것도 몇천만 원이 들거든요. 그래서
이런 결정을 할 때 진짜 힘들죠. 스트레스를 엄청 받아요.

이게 뭐 한 두 푼도 아니니까. 한번 결정할 때 부담이 돼요. 그 금액들이
아직 제 나이에는 맞지 않는 수준이라고 생각하거든요. 그래서 돈에 관한
결정을 할 때 스트레스를 느끼죠. 다음에는 온갖 인간상을 만나느라 힘
들어요. 요즘은 괜찮아졌는데 별별 사람이 다 있어요.

나: 어떤 사람 있었어요?

B: 돈 빌려달라는 사람도 있고, 어리다고 무시하는 사람도 있고. 상상도 못
한 사람들을 만나는 경험들을 겪는 게 너무 힘들어요. 고객 만나는 것도
비슷하고.

나: 정말 그럴 것 같아요. 대학생들이 사업 시작하는 것 중에 제일 어려운 점
이 어리다고 무시하는 점일 것 같아요.

B: 네. 그런데 장점이 될 때도 있어요. 진짜 좋으신 분들 만나면 장점이 되
거든요. 어린 친구가 기특하네 하면서 진짜 좋아하시는 분도 계세요. 아
무도 어린애를 경쟁상대로 생각하지 않거든요. 그래서 여러 가지 좋은
이야기랑 조언들을 그냥 공짜로 해주시죠. 그런데 이제 심한 경우가 무시

하는 경우. 왜 하라는 공부 안 하고 사업을 하냐고 말씀 하시면 뭐라 할 말이 없어요. 그래서 그냥 하고 싶어서 한다고 말씀 드리면 훈수를 두시죠. 약간 정말 모든 인간상을 다 볼 수 있는 게 이런 사업 쪽인 것 같아요. 업종 가리지 않고 만나니까요.

나: 그렇겠네요. 그러면 어떻게 대처해요?

B: 제가 처음에 인간관계 때문에 멘탈이 한 번 무너졌어요. 9월쯤 자소서 시즌에 멘탈이 무너진 적이 있어요. 한 고객님이 너무 힘들게 했거든요. 그때 진짜 하루 종일 일을 못 했어요. 많이 바빴는데 하루 이 틀 동안 계속 그 문제만 생각나는 거예요. 어떻게 해결해야 하지 방법도 모르겠고 한 번도 대처해본 상황도 아니었어요. 그래서 그때 심리적으로 한 번 무너졌는데 어떤 분이 조언을 해줬어요.

'그러면 그 고객은 배제하고 다른 고객들 일부터 해라. 다른 고객들도 고객인데 선량하신 고객들이 피해를 보면 안 되지'라는 말을 듣고, 다시 정신을 차려서 일을 재개했던 기억이 납니다. 그 이틀이 저는 아직도 기억에 남는 힘들었던 일 중에 하나에요.

처음으로 겪었던 힘든 일이었거든요. 진짜 힘들었죠. 온갖 사람들 많아요. 정말 쉽지 않습니다.

선택에 대한 책임감과 인간관계 문제. 정말 힘들겠다 싶었다.

나: 그럼 요즘에도 고민이 있나요?

B: 요즘 고민 많죠. 그럴 때는 잠도 못 자요. 요즘 새로 시작하는 사업 때문에 돈을 너무 많이 썼거든요. 그전까지는 두려운 적이 없었어요. 그런데 지금 굉장히 중대한 결정을 하고 있어요. 강남으로 나와서 사무실 차려버리고, 직원들도 뽑았으니까요. 나가는 지출이 아픈 정도에요. 지금까지는 한 번도 두려운 적이 없었는데, 지금은 두려워요. 이제 이건 헤쳐나가고 이야기해드릴게요. 지금은 아직 못 헤쳐나가고 있어요.

저는 투자를 받지 않으니까 직원도 순수 제 돈으로 다 뽑는 거거든요. 그러다 보니까 지출이 확 늘었어요. 직원 한 명당 한 달에 250만 원이 들어요. 250만 원이라는 돈이 절대 적은 돈이 아니잖아요. 네 명이면 천만 원이에요. 그래서 이런 지출 관련 되어서 회계나 재무적인 것도 공부하고 있죠. 낯선 환경에 입주하고, 완전히 새로운 도전을 하고 있어요.

지금 제가 변화기에 적응을 잘 해야 하는데, 저번 주까지도 너무 힘들고 번아웃 돼서 아무것도 못했어요. 일을 잡기가 너무 싫었어요. 이번 주가 되어서 어제 밤새우면서 다시 마음을 먹었어요. 어제 아, 그래도 해야겠다 싶어서. 이대로 가면 조금 과장해서 내 회사가 망할 것 같다는 생각이 들었거든요. 혼자 할 때는 부담감이 크지 않았는데, 이제는 제가 월급을 드려야 하는 직원분들이 있잖아요. 그리고 사무실 월세도 내야 하고 온갖 돈이 많이 들어서 부담이 되죠. 너무 고민이에요.

> 부러워 보이는 성과 뒤에는 이런 고통의 과정이 있었다. 회사를 운영한다는 건 엄청나게 큰 책임감을 요구하는 일이었다. 역시 세상에 쉬운 일은 없다는 생각이 들었다.

나: 진짜 고민이 크겠네요.

B: 그렇죠. 그래서 한 번씩 예전을 추억해요. 과외비로 100만 원 받으면서 행복했던 그 시절을. 아직도 기억나거든요. 과외비 처음 받아서 샀던 명품 몇 개. 그런데 오히려 사업 시작하고 명품이나 그런 거 잘 안 사요.

나: 오히려 더 돈이 많아졌는데도 그래요?

B: 네. 사치하는 게 아까워요. 그렇게 쓸 바에는 웹사이트를 더 바꾼다거나 사업에 더 투자할 수 있다는 생각이 들어요. 그 유명한 말이 있어요. 내 모든 시간을 자산을 늘리는 데 써라. 사치 부리는 대신에 나를 위해 투자하는 데 쓰는 거죠. 그러면 다시 자산이 되니까.

사업이 만든 변화

> 사업하면서 어려움도 겪고 많은 변화가 생겼음을 알 수 있었다. 그
> 럼 사업을 시작한 것을 후회할까? 어떤 변화가 있고, 어떤 미래를
> 꿈꿀까 궁금했다.

나: 사업을 시작하고 나서 가장 달라졌다고 느끼는 부분이 뭐에요?

B: 세 가지로 말씀을 드릴게요. 첫 번째는 현실적인 면이에요. 일단 생활 수준이 달라졌죠. 이건 빼놓을 수 없어요. 별 거창한 이유 없이 돈 이 많아서 생활 수준이 바뀌었어요. 이게 뭐 사치를 부려서는 아니고 모든 소비에 여유가 생겼어요. 소비에 대해서 걱정이 없어요.

돈을 쓸 상황이 생기면 아, 뭐 거기에 쓰면 되지, 먹고 싶은 게 생겨도 먹으면 되지. 이런 식으로 돈을 쓸 때 마음이 여유로워요. 그런데 막상 소비 금액은 조금밖에 안 늘었어요. 저는 1학년 때 과외비로 번 거 다 탕진했거든요. 그래서 1년 반이 지났는데 남은 돈이 200만 원 밖에 없었던 게 그 이유였어요. 번대로 다 써서 아무것도 없어졌죠.

과외 한창 많이 할 때 막 한 달에 200만 원 쓰고 그랬거든요. 답이 없었죠. 요즘은 그때의 1.5배 정도, 300만 원 쓰는데 별로 부담을 안 느껴요. 그리고 지금은 돈을 쓸 때 더 좋은 장소를 가거나 좋은 음식을 먹는 데

쓰지 딱히 사치를 즐기지 않아요. 사업하기 전에는 비싼 옷을 좋아했거든요. 어느 순간 진짜 부질없다는 생각이 드는 거예요. 그렇게 목적 없이 돈 많이 쓰는 게 부질없다. 그냥 괜찮은 옷들, 괜찮은 브랜드 몇 개 사는 게 좋지 않을까? 라고 생각이 바뀌더라구요.

사치 부리는데 쓰는 돈이 진짜 아까워졌어요. 그런데 남들 사주는 건 좋아해요, 다른 사업가분들 볼 때는 좋은 음식점을 가죠. 사업하는 사람들 비싼 음식 먹잖아요. 3명이 먹으면 십만 원 중반 정도 나오죠. 인당 5만 원인데, 사실 되게 부담스러운 가격이잖아요. 그런 데에 돈을 쓰다 보면 지출이 확확 늘어요. 다른 지출은 그대로인데 다른 사람 만나면서 쓰는 돈이 많아졌어요. 그때 돈이 들어요. 또 요즘 유일하게 갖고 있던 소비에 대한 욕심이 차 사는 거였는데, 직원들 두 명 더 뽑아서 바로 계약 취소시켰거든요. 차는 욕심이 좀 있었어요. 어차피 다시 복학하면 탈 일도 없는데 이걸 사는 게 맞나? 싶어서 취소 시켰어요. 대신 직원을 뽑아서 그 지출이 더 늘어났죠. 이게 생활 수준의 변화였어요. 소비의 여유가 생기고 마음의 여유가 생기는 것.

두 번째로 달라진 건 사회에서의 위치예요. 세상을 바라보는 시각이 달라졌어요. 확실히 대학생 때랑 보던 세상이랑은 많이 달라요. 일단 누구랑 얘기를 해도 호칭이 달라졌으니까. 다 저에게 대표님이라 하거든요?

나이가 아무리 많은 분도. 그래서 세상이 달라졌죠. 동등한 입장에서 어른들이랑 얘기를 할 수 있으니까.

나: 와, 좋다.

B: 그렇죠. 그게 좋아요. 어른들이 보통 대학생을 아래로 보면서 이래라저래라하실 수 있는데, 그러시지 않죠. 동등한 입장에서 각자의 고민거리를 이야기하고 해결해주려고 노력하고, 도와주려 하고. 이 게 정말 좋아요. 사회적 지위가 높아진 거죠. 초반에는 무시를 당했는데 이제는 절대 무시 안 당하고, 서로 배려하고 존경하는 관계가 될 수 있어요. 이 점은 진짜 좋은 것 같아요. 밖에서 30대 초 중반 느낌으로 다닐 수 있는 거라서. 사회적 지위가 10년 먼저 생긴 거죠. 그게 좋아졌어요.

나머지 하나는 인간관계에요. 대학생만 만나던 인간관계에서 훨씬 넓어졌어요. 지금 지인들은 사업하는 분들이 완전 많아졌어요. 사업 유명 유튜버분들도 이제 알고 지내거든요. 그런 분들도 서로 알고. 그런 식으로 인맥 풀이 바뀌어서. 진짜 좋아요. 저는 이 뒤에 두개가 정말 마음에 들어요. 어딜 가도 존중을 받을 수 있는 사람이 된거니까. 정말 좋아요.

나: 무슨 얘기해요? 그런 사업가들하고는?

B: 돈 얘기하고. 서로 고민 얘기하고. 고민이 진짜 고민의 수준도 달라 그런 식으로 바뀌었어요. 시시콜콜한 이야기를 예전보다 안 하는 것 같아요.

잡다하고 삶에 도움이 되지 않는 이야기들 있잖아요. 그런 이야기를 하지 않고 대화의 수준이 높아져서 좋아요. 많이. 이건 많-이.

나: 오, 그럼 다 좋은 변화만 있네요.

B: 네. 전 나쁜 변화는 없다고 생각해요. 왜냐하면 지금 제가 겪는 이 두려움과 고통도 어차피 일 년 뒤에는 아무것도 아니지 않을까요? 저는 그렇게 생각해요. 망하면 어쩔 수 없는 거지. 어차피 뭐 어린데. 아, 단점 하나 있어요. 휴대폰이 복잡해져요. 개인 연락, 사업 연락, 친구 연락 다 섞여서 휴대폰 하나 개통하려구요.

유일한 단점이 핸드폰 더러워지는 거라니. 핸드폰을 보니 1시간 만에 수백 개의 카톡이 쌓여있기는 했다. 그래도 저 수많은 장점들. 특히 사회인으로서의 존중을 받고 폭넓은 인간관계를 갖게 된다는 게 정말 좋아 보였다.

나: 그러면 미래의 목표가 뭐에요?

B: 요즘 제약회사에 관심이 많아졌어요. 또 관심 가지는 분야가 FNB라고 의료랑 결합시켜서 요식 음료 사업도 해보고 싶어요. 혼자 생각해보고 있는 사업이 여러 가지 있죠. 앞으로 노인 산업이 발달할 거라 생각을 하거 의료랑 결합시켜서 요식 음료 사업도 해보고 싶어요. 혼자 생각해보고 있

는 사업이 여러 가지 있죠. 앞으로 노인 산업이 발달할 거라 생각을 하거든요. 노인 전용 음식을 만들어서 노인분들을 위해 황금밸런스의 영양소를 충족할 수 있고 씹기도 편한 그런 음식을 만들 수 있다면 인기가 많아지지 않을까 하는 생각에서 나중에 의대 졸업하고 나서 해보고 싶어요. 그러면서 VC(venture capital)라고 이라고 불리는 회사가 있어요. 스타트업에 투자해주는 사람이죠. 그런 회사도 차려서 스타트업에 투자를 해보고 싶어요. 나중에 30대 지나서 하는 게 소망이에요.

다양한 꿈을 꾸면서 미래를 계획해 나가는 모습이 부러웠다. 나도 저렇게 수많은 가능성을 보면서 여러 목표를 세우고 싶다는 마음이 들었다.

사업의 가치

그렇다면 대학생 때 사업 해보는 게 좋다고 생각하는지 궁금했다.

나: 대학생들에게 사업을 추천하고 싶으신가요?

B: 네. 저는 돈 버는 사업은 일찍 시작할수록 좋다고 생각해요. 어릴 때 돈 버는 방법을 배우면, 어떻게든 먹고 살 수는 있겠더라고요. 본인의 직업

이 아니어도 먹고 살 수 있는 뭔가가 있으면 삶에서 선택지가 많아지잖아요. 그래서 해보는 걸 추천해요. 과외나 아르바이트를 하지 않고서 만원이라도 벌면 성공이라고 생각하거든요. 스스로 만원이라도 벌면 경제 관념을 익힌 거니까요. 한 번도 안 가본 곳 가서 돈 벌어보는 경험이나 생산자로 한 번 살아보는 경험을 하면 도움이 많이 되겠죠.

사업은 자본주의를 공부할 수 있는 최고의 방법이에요. 자본주의에서 투자 밑에 사업이 있고 그 밑에 노동이 있다고 생각해요. 대한민국 인구의 95%는 노동으로 먹고사는데, 이건 한계가 있잖아요. 사업 소득으로 버는 사람 밑에서 정해진 대로만 월급을 받는 거잖아요. 그러다 보니까 자본주의를 배우기 어렵죠. 그냥 월급 5%, 3% 오르면 좋아하게 되죠. 이게 나쁜 건 절대 아니지만, 그러면 좀 아쉽지 않나?

그렇게 생각해요. 자본주의 사회에서는 자본주의를 가장 잘 이해하는 사람이 승리한다고 봐요.

예를 들어 노동자 입장에서 빚을 내고 대출을 받는 건 무서운 일이잖아요. 뭔가 안 좋은 것 같고. 그런데 사업하는 사람들한테 빚은 그냥 투자 느낌이에요. 돈을 미리 가져와서 자본을 더 키울 수 있으면 좋은 거 아닌가. 갚으면 되지. 그렇게 생각하죠. 그래서 사업은 자본주의의 맛을 제대로 볼 수 있는 진짜 인생 실전 공부라고 생각해요. 경제학을 책으로 읽는 거랑은 차원이 달라요. 경제학과를 나온다고 해서 다 부자 되는 거 아니잖아요. 그래서 인생에서 한 번쯤은 무조건 해볼 만 하다라고 추천해줄 수 있어요.

저도 1년 동안 배우고 느낀 게 정말 많거든요. 제가 가끔 사람들 앞에서 강의 같은 거 하거든요. 그럴 때 이렇게 철없던 애가 이렇게 변했습니다라고 이야기를 해요. 완전 사람이 바뀌었어요. 돈 관련해서도 그렇고, 인간관계도 그렇고 정말 다양하게 배울 수 있어요. 거기에 돈까지 벌면 금상첨화죠. 이 세상에 돈 받고 배우는 데가 어디 있어요. 그래서 진짜 사업을 한 번쯤 해보면 좋다. 무조건 추천을 해요.

> 사업은 자본주의를 공부할 수 있는 최고의 방법. 거기에 돈까지 벌면서 배울 수 있다니. 사업에 흥미가 점점 생겼다.

나: 그럼 자본주의를 배우는 이유, 돈의 의미는 무엇에 있다고 생각하시나요?

B: 약간 보호구 느낌이죠. 돈이 있으면 나를 지킬 수 있고, 가족도 지킬 수 있고, 주위 사람도 지킬 수 있고. 어쨌든 하고 싶은 걸 다 할 수 있게 해주는 그런 거잖아요. 예를 들어서 내가 돈이 많아요. 그때 갑자기 하와이

가 가고 싶어. 그러면 갈 수 있어요. 직장 다니는 것도 아니니까 그냥 가면 되죠. 그런데 돈에 얽매여 버리면 하고 싶어도 못하고, 여름 휴가 기다리고 해야 하죠.

그런 삶보다는 가고 싶을 때 가고 하고 싶은 거 하는 삶을 원해요. 경제적 자유라고 말하죠. 저는 그거에 진짜 관심이 많아요. 다들 하고 싶은 게 많잖아요. 여행을 갈 수도 있고 독서를 즐길 수도 있고. 그때 걸림돌이 되는 게 돈이고, 직장이나 일자리이죠. 저는 거기서 벗어나고 싶어요. 그래야 인생 제대로 즐길 수 있겠다는 느낌이 들거든요.

돈에 얽매이지 않고 하고 싶은 대로 사는 삶. 내가 꿈꿔온 삶이었고, 그게 바로 경제적 자유에 해당했다. 사업을 통해 경제 관념을 키우고 경제적 자유에 다가갈 수 있다.

경제적 자유를 꿈꾸다

B와 인터뷰를 하고 난 뒤, 사업과 경제적 자유에 관심이 많아졌다. B의 이야기를 들으며 사업이 엄청나게 거창한 일이 아니라는 사실을 깨달았다. 무언가 엄청난 기술이나 경험이 있어야 한다고 생각했는데 그렇지 않았다. 자본금 200만 원으로도 충분히 시작할 수 있고, 인터넷을 활용하면 손쉽게 많은 고객을 모을 수도 있다. 빠르게 돈을 벌고 경제적 자유에 다가갈 수 있는 방법이기도 하다. '어, 하와이가 가고 싶네' 하면 바로 떠나볼 수 있는 삶. 환상적인데? 경제적 자유에 대해 더 알아보고 싶었다. 관련된 유튜브도 찾아보고 책도 읽어보았다. 그러면서 나의 인생관이 완전히 바뀌었다.

먼저 B가 사업을 시작해야겠다 마음을 먹게 된 책이라는 '부의 추월 차선'을 읽어보았다. 지금 내가 어떤 인생을 살고 있는지 명확하게 알게 되었다. 인생을 세 종류의 길에 비유해 설명하고 있었다. 인도, 서행 차선, 추월 차선. 그중 내가 걷고 있는 길은 평범한 서행 차선이었다.

자유로운 내일을 위해 오늘을 희생하는 삶. 좋은 대학을 나와 좋은 직장에 다니며 열심히 일하고 절약하며 저축해서 돈을 모은다. 이렇게 월급을 차곡차곡 모아서 저축하는 전통적인 방식으로는 절대 부자가 될 수 없다. 부자가 되더라도 아주 나이가 든 상태에서 부에 도달한다. 생기 있었던 젊은 나날은 이미 희생된 채로. 꿈을 제쳐두고 평범한 삶으로 나아가는 길에서 벗어나라고 말하고 있었다.

그렇다. 내 마음 한구석에는 정말 많은 꿈이 있었다. B가 의료 회사를 차리고 스타트업 투자자가 된다는 목표를 갖고 있는 것처럼, 나도 자유롭고 큰 꿈들을 많이 꾸고는 했다.

'좋은 사회체제를 고안해내어서 좀 더 마음에 들고 합리적인 사회도 만들고 싶고, 뇌 신경에 대해서 재미있는 연구를 하면서 새로운 사실도 알아내고 싶어. 교육부 장관 같은 것도 하고 싶고, 베스트셀러도 내고 싶어.'

세계적인 자리에서 유창한 영어로 연설을 해서 사람들을 감명시키는 모습도 종종 상상하고는 했다. 아주 큰 부자가 되어 꿈꾸는 집을 설계 해 살고, 세계의 구석구석을 여행해보고 싶었다. 하지만 그 꿈들이 실현될 수 있을 거라는 생각을 하지는 못했다. 책에서는 이런 날 알듯이 이 사실을 정확히 꿰뚫었다.

당신의 꿈은 죽어가고 있지 않은가? 당신의 꿈이 점점 더 불가능해 보이기 시작했다면 '서행차선'에 들어섰기 때문일 것이다. 당신은 더 빨리 돈을 모아 부와 자유, 그리고 꿈이 실현된 인생을 얻을 수 있다. 바로 내가 그랬던 것처럼. - 『부의 추월차선』, 엠제이 드마코

부와 자유, 그리고 꿈. 상상만 해도 달콤한 말들이었다. 이 세 가지를 모두 얻을 수만 있다면. 나의 꿈을 실현시키는 인생을 살 수 있다면. 얼마나 좋을까. 이를 위해 돈 열리는 나무를 만들어야 한다고 말한다. 수익이 얻어지는 과정이 자동화되어 내가 일하지 않아도 나에게 돈이 들어오는 구조. 그 자동화 구조를 만들 수 있는 핵심적인 방법에는 사업이 있다.

'돈의 속성'이라는 책에서도 비슷한 말로 나를 자극시켰다. 사업은

위험이 큰 방식일까? 사실 회사에서 임원이 될 확률보다 사업으로 성공할 확률이 42배가 높다. 대기업에 들어가는 1000명 중 부장이 되는 사람은 24명, 임원이 되는 사람은 7명이다. 나머지 승진이 되지 못하는 사람은 40대 중반 즈음 해고가 된다. 사업이 실패하는 비율이 90%라고 해도, 대기업 생활과 비교해보면 성공할 확률이 10%나 되는 것이었다.

창업은 원래 돈 없이 작게 시작하는 것이다. 사업 아이템은 어려운게 아니다. 아직도 할 사업은 끝도 없이 많다. 기회가 생기면 무조건 창업하라. 항상 도전하고 탈출을 꿈꿔라. 내 삶의 주체가 내가 되고 싶다면 사업을 해야 한다. 사업가는 자기 인생에 자신을 선물할 수 있는 유일한 직업이다. - 『돈의 속성』, 김승호

삶의 주체가 되기, 인생에 자신을 선물하기. 내가 간절히 원했던 것들이었다. 흥미가 없는 과목을 공부하거나 돈을 벌기 위해 가치를 느끼지 못하는 과외를 하면서 항상 생각했다. 제발 영혼 없이 살아가고 싶지 않다고. 주체적으로 삶을 살아가고 나를 위한 인생을 살고 싶었다. 사업을 통해서 그걸 이룰 수 있다는 엄청난 희망을 보게 되었다. 사업이 위험하다고 생각했는데, 그렇지도 않았다. 평범하게 살아가는 것이야말로 수많은 경쟁을 이겨내야 하는 위험한 길이었다. '가장 위험한 것은, 위험을 무릅쓰지 않는 것이다'라는 명언이 떠올랐다.

본과 1학년 1학기를 보내며 학과 공부를 하면서도 절절히 깨달았다. 공부라는 건 정말 힘든 일이다. 의대 내에서 학점을 잘 받으려면 정말 모든 열정을 바쳐 열심히 공부해야 한다. 그냥 이해하고 주요 내용을 암기하는 것으로는 안 된다. 수천 장에 달하는 많은 내용을 보지도 않고 백지에 써 내려가는 수준은 되어야 상위권에 들 수 있다. 해 본 사람은 알 것이다. 이게 얼마나 큰 인내심과 정신력이 필요한 일인지. 말 그대로 뼈를 깎는 노력이다.

그런데 우리는 이런 뼈를 깎는 노력에는 익숙해져 있다. 태어난 순간부터 공부를 하도록 요구받아왔기 때문에 힘들게 공부를 해야 하는 사실에 대해 의구심을 품지 않는다. 이미 사회가 정해놓은 길을 힘겹게 걸어가면서도 더 좋은 길을 보며 '저 길은 더 힘들 거야.'라고 생각한다. 해보지도 않았으면서.

뼈를 깎아 열심히 공부하면 좋은 성적을 받을 수 있겠지. 그렇게 해서 내가 얻는 게 무엇일까? 워라밸도 좋고 돈도 많이 벌어서 인기가 많은 피부과 가기? 적당히 돈을 벌면서 편하게 사는 건 내가 살고 싶은 삶이 아니다. 다들 가고 싶어한다는 이유로 목표로 삼는 건 그만두어야 한다. 이미 한 번 경험해보았기 때문이다. 다들 가고 싶어하는 좋은 대학에 왔지만 그 기쁨은 오래가지 않고 남은 건 허무함뿐이라는 것을.

관심이 있었던 뇌 과학을 연구하기 위해 좋은 성적을 받고 좋은 대학원에 간다 해도, 내가 하고 싶은 연구를 할 수나 있을까? 연구를 하더라도 '내가 하고 싶고', '내가 가치가 있다고 판단한' 연구를 하고 싶다.

좋은 학점을 받는 것과 엄청난 돈을 버는 것. 뭐가 더 쉬울까? 물론 둘 다 어렵겠지. 둘 다 뼈를 깎는 노력이 수반되어야 할 거야. 그렇다면 그 이후의 삶은 뭐가 더 즐거울까? 어느 쪽이든 내 모든 삶과 노력을 바쳐야 한다면, 나는 후자에 걸겠다.

내 삶의 주인은 내가 되겠다. 경제적 자유를 이루겠다. 그러기 위해 사업을 해야겠다는 의지가 불타올랐다.

당장 시작하기

사업을 언제 시작하지? 지금 준비가 된 걸까? 대학생인데 해도 될까? 라는 질문이 자연스럽게 따라왔다. 그런데 책에서 공통으로 하는 이야기가 있었다.

'언젠가' 라는 때는 없다는 것. '미루어서는' 안 된다는 것.

몇 살이 되면 해야지, 방학이 오면 해야지 이런 '다짐'은 절대 해서는 안 된다는것. 지금은 경험이 조금 부족해서 안 될 것 같다는 생각에 미룬다면, 나중에는 또 그때만의 '사정'이 생긴다는 것. 완벽한 타이밍은 '존재'하지 않고, 완벽하게 준비된 '시기'는 없다. 해보고 싶은 마음이 들었다면 당장 해봐야 한다.

예전에 읽었던 한 동화도 떠올랐다. 지구가 정말 구의 형태인지 궁금해서 직접 한 바퀴를 돌아보겠다 마음을 먹은 남자가 있었다. 그는 먼저 앞에 놓인 집을 넘기 위해 사다리를 준비했다. 사다리가 생겼으니, 사다리를 싣기 위한 수레를 준비하고, 또 그것을 싣기 위한 배를 준비하고, 배를 운전해줄 사람을 구하고. 계속 그걸 반복하며 한 걸음도 떼지 못했다. 결국 너무 늙어버려 아 이제는 걸어봐야지 하고 출발했는데 몇 걸음 못 가서 죽었다.

멋진 동화였다. 지금 준비되지 않았다고 해서 준비만 하면, 나중에는 준비가 다 완벽해질까? 지금 실행하지 못하면 시간과 기회는 점점 멀어질 뿐이다.

나의 머릿속에 스멀스멀 들었던 걱정 혹은 핑계가 한 가지 더 있었다. 너무 이른 성공은 위험하다는데 천천히 해야 하는 거 아니야? 오만해지거나 일찍 삶에 권태를 느끼는 거 아니야? 이 질문을 B에게도 해보았다. 그는 이렇게 답했다.

"근데 그건 자만을 하면 안 되는 거지. 자만만 안 하면 이른 성공이 최고죠. 그런 이야기의 전제가 자만해서 위험해지는 케이스가 많아서

잖아요. 자만을 안 하면 돼요. 저는 지금 저 스스로가 만족을 못 해요. 그래서 그러니까 자만을 안 하니까 지금 두려움을 느끼고 걱정을 하는 게 아닐까요. 저는 맨날 제가 별거 아니라고 생각하거든요. 그 마인드가 있어서. 왜냐면 저보다 훨씬 잘 벌고 대단한 능력자분들이 너무 많아요. 저는 이제 막 초보티를 벗어난 사람이죠. 초고수까지 단계가 있다면. 뉴비-초보-중수-고수-초고수 이러면 아직은 중수 정도? 두 단계나 남아있어서 그렇습니다. 저는 자만 안 해요. 근데 자만하면 진짜 큰일 나는 것 같아요. 어릴 때 돈맛을 보는 거니까. 제가 지금 직원 안 뽑고, 번 돈으로 차 뽑고. 온갖 사치를 부릴 수도 있겠죠. 당연히. 근데 저는 그거에 흥미를 못 느껴서요."

자만하지 않고 계속해서 새로운 목표를 만들고 겸손한 마음을 가지면 그런 문제는 발생하지 않는다. 그런 걱정 때문에 완벽히 준비될 때만을 기다려서는 안 된다. 내가 원하지 않는 방향으로 시간을 보내며 미루는 건 기회를 멀리 보내는 일이다. 내가 정말 원하고 해야겠다는 생각이 든 일이 생겼다면 시작해야 한다.

또 인터뷰하면서 인상 깊었던 말이 있다.

"처음부터 사업을 부지런하게 하지는 않았어요. 그냥 대충대충 했는데, 어쨌든 하니까 앞으로 굴러가더라고요. 바퀴가 굴러가서 탄력이 붙고. 아, 제대로 해야겠다 해서 제대로 하고. 그게 지금까지 왔어요."

어쨌든 하니까 앞으로 굴러간다. 그러니까 겁먹지 말고 시작해보는 게 중요하다. 시작에 대한 용기를 크게 갖게 되는 말이었다. 나도 처음 이 책을 과연 쓸 수 있을까 고민이 많았다. 그런데 써야겠다고 마음을 먹으니까 어떻게 아이디어가 나오고 글이 써졌다.

완벽한 타이밍이 아니더라도 시작하는 게 중요하다. 그래서 나도 사업에 관심이 생겼으니 당장 실천을 조금씩 해야겠다고 생각했다.

새로운 시선, 사업

사업이 어떤 것인지에 대해 감을 잡아나갔다. B는 입시컨설팅 회사를 차리기 전에 학원에서 입시컨설팅 아르바이트를 한 적이 있었다. 입시컨설팅 아르바이트가 하는 일은 대략 생기부에 들어갈 내용을 추천해주고 자소서를 첨삭하는 일이다. 그리고서 학원으로부터 시급 2~3만 원을 받았다. B가 회사를 차리고 한 일은 주로 무엇일까? 놀랍게도 초창기에는 아르바이트 당시와 같은 일을 했다. 고객을 받아 생기부와 자소서를 봐주었다. 그리고는 알바를 할 때와는 차원이 다른 수입을 얻었다.

그 차이는 자신만의 브랜드를 만들었다는 점에서 생겼다. 보통의 입시컨설팅 회사와는 다른 차별점을 만들어 블로그를 통해 홍보하고 고객을 유도했다. 그랬더니 완전히 다른 위치가 되었다. 고용된 노동자에서 생산자가 되었다. 이게 바로 회사의 원리구나 싶었다. 경제의 주인이 되어 직접 상품과 가치를 만들어내는 것. 같은 일을 하는데도 자신의 브랜드를 만들었기 때문에 수익을 직접 얻고 직원을 고용할 수도 있게 되었다.

사업이 단순히 돈만 버는 일이 아니었다. 사업의 본질은 고객의 욕구를 만족시키는 데 있다. 돈은 다른 사람에게 가치를 제공하면 따라오기 때문이다. 그러니 어떤 사람들의 어떤 고통을 해결하는 지가 중요하다. 음식을 제공해 배고픔을 해결해줄 수도 있고, 화장품을 제공해 아름다움에 대한 욕구를 충족시켜줄 수도 있다. 어떤 방식으로든 사람들이 원하는 걸 해주고 가치를 제공하여 돈을 버는 게 사업의 원리였다. 단순히 돈만 쫓는 일이 아니라는 사실이 마음에 들었다. 사업을 할 때는 사람들에게 유익함을 주면서 기쁨을 느껴야 한다는 말이 있다. 돈을 쫓는 것이 아닌 사람들의 욕구를 쫓는 일.

다음으로는 회사의 브랜드 이미지를 구축해야 한다. 세상에 유일무

이한 상품을 만들기는 힘들기 때문에 회사의 브랜드를 통해 차별점을 만들어야 한다. 예를 들어 나이키는 신발을 팔지만 마케팅 방법으로 신발의 장점을 내세우지는 않았다. 대신 'Just do it'이라는 슬로건을 내세웠다. 나이키의 신발에 담긴 도전적이고 열정적인 메시지를 느끼고, 신발을 신으며 자신의 정체성을 드러내게 된다. 이런 식의 정체성이 브랜드는 똑같은 종류의 상품이어도 그 회사를 찾게 하는 이유가 된다. 다른 회사와의 차별점을 설명하고 메시지를 전달하는 브랜딩 과정이 필요하다.

거기에 시스템의 구축이 필요하다. 맥도날드가 전 세계적인 프랜차이즈가 될 수 있었던 이유는 시스템에 있었다. 햄버거를 만드는 과정을 매뉴얼화해 속도를 높이고 모든 매장에 동일한 시스템을 적용해 효율적인 운영이 가능했다. 효율적이고 합리적인 시스템을 만들어야 지속가능한 사업이 된다. 자동화 시스템을 만들어 내가 없이도 돌아가는 회사가 된다면 일을 거의 하지 않아도 된다. 내 의지대로 일할 수 있는 완전한 경제적 자유를 이루게 된다.

이렇게 사업을 하려면 다양한 능력과 노력이 필요하다. 상품 관련 기술, 재무적 지식, 리더십, 인간관계 등등의 여러 스킬이 필요하고,

스트레스 상황에서도 포기하지 않는 의지가 필요하다. 이런 요소가 오히려 매력적으로 다가왔다. 사업을 하며 무한한 성장을 할 수 있겠다는 생각이 들었다.

사업의 원리에 대해서 이해하면서 세상이 다르게 보였다. 광고를 봐도 저 회사가 어떻게 브랜드를 만들려고 저런 문구를 쓰는구나 싶고, 가격을 봐도 어떤 식으로 가격 정책을 설정했는지가 보였다. 완전히 다른 시선으로 세상을 보게 되었다. 소비자에서 생산자의 시선으로 업그레이드가 된 것이다.

꼭 빠른 시일 내에 해야겠다고 다짐했다.

성공의 비결

B는 200만 원의 자본금으로 시작해 단기간에 월 4000만 원이라는 매출을 올렸다. 직원도 고용하고 투자도 받고. 이게 가능했던 성공의 비결에 대해 생각해보았다. B가 컨설팅을 하면서 중요하다고 꼽은 점은 심리를 아는 것이었다.

"저 사람이 원하는 걸 줘야 컨설팅이잖아요. 그런데 보통 인간은 자기가 원하는 걸 말 못 해요. 그래서 포장되어서 나오는 말 껍데기를 벗기고 안에 본질을 파악할 수 있는 능력이 있어야 하죠."

컨설팅뿐만 아니라 모든 사업에 해당되는 이야기라는 생각이 들었다. 어떤 사업이든 결국 사람을 대상으로 거래를 해야 하기 때문에 다른 사람의 욕구를 알아차리는 능력이 필요하다. 우리 모두 다 사용할 줄 아는 능력이다. 다들 한 번쯤은 친구한테 부탁할 때 '네가 원하는 뭐를 해줄 테니까 나에게 이걸 해줘' 이런 식의 거래를 경험한 적이 있다. 이런 식의 필요의 교환을 사업에 적용시킬 수 있는 것이었다.

그는 블로그에서도 이런 심리를 적용하고 있다는 사실을 밝혔다. 관심이 갈 만한 내용으로 후킹을 하고, 글의 마지막 부분에 링크를 첨부해서 블로그 안에서 계속 돌게 만든다. 이 과정에서 회사에 대한 신뢰와 호감이 쌓이고, 그렇게 되면 상담 신청을 하게 된다고 설명했다.

블로그 글의 마지막에 링크를 달아 여러 글을 빙빙 도는 걸 유도했다고 하는데, 나도 그거에 빠져서 꼴딱 밤을 새웠다. 블로그의 글을 보면 문장에 자신감 넘치고 도발적인 느낌을 주고 있었다. 그런 게 바로 후킹의 힘이겠지. 그리고 보통 입시생들이 갖고 있을 만한 불안감을 이해하며 심리를 이용하는 방법으로 많은 고객을 모았다는 것을 알 수 있었다. 심리학과 논리학 공부를 즐겨하면서 글로 상대를 설득하는 데 도움을 받았다고도 했다.

객관화를 잘하는 능력 또한 성공의 요소로 보였다. 컨설팅에 중요한 것이 전문성이라고 했는데, 그는 자신이 가장 잘할 수 있는 분야를 골랐다. 고1 때 대학을 가기 위해 입시에 대해 많은 시간을 투자해 분석했던 경험이 있다고 했다. 자신이 잘 알고 있는 입시라는 분야를 택해 전문성을 높였다. 그리고 네이버 툴을 이용해 정말 이런 상품이 돈이 될지 사람들이 얼마나 관심이 있는지 알아보았다. 이렇게 객관적으로 사업의 승산을 파악하는 방법을 써서 성공에 한결 가까워질 수 있겠다는 생각이 들었다.

마지막으로 성공의 비법에는 역시나 책에 있었다. 예시로 '레버리지'라는 책을 읽고 그 책에 담긴 내용을 실제로 적용시켰다.

"레버리지라는 키워드가 이쪽 사업계에서는 제일 유명한 말이에요. 원래 레버리지라는 말이 그 주식을 할 때 미수금 받아서 투자하는 거, 여기서 따온 말이거든요. 제가 읽었던 인상 깊었던 책 중의 하나였는데 '레버리지'라는 책에서 이 용어가 나오죠. 내가 못하는 거를 남한테 시키는 거. 대신 그 일이 그 사람한테는 쉬운 일. 예를 들면 이런 거예요. 어느 분이 마케팅 회사의 CEO에요. 그분한테는 마케팅이 아무것도 아니잖아요. 그냥 늘 하던 거고. 맡기면 다 하는 건데.

예를 들어 제가 다른 업계 종사자면 마케팅 모르는데 하나하나 하려면 시간이 너무 들죠. 그리고 아무리 공부를 해서 해도 마케팅 CEO를 못 이기잖아요 어차피. 그럼 차라리 그 사람한테 마케팅 업무를 맡기고 나는 그 시간에 잘하는 일을 하는 거죠. 시간을 아낄 수 있으니까. 이런 식으로 성과를 최대화하는 게 레버리지에요. 주식에서는 돈을 더 땡긴 다면 여기서는 능력을 더 땡기는거죠. 남의 능력을. 그렇게 하면 자기 가 잘하는 거만 할 수 있으니까.

저는 웹사이트 만드는 것도 맡겼죠. 사람들은 다 배워서 하더라고요. 그걸 언제 배워요. 지금도 전 할 줄 몰라요. 그런 거 다 맡기고. 블로그 디자인도 맡기고. 그런 식으로 200만 원 중에 120만 원 정도를 시간을 아끼는 데에 썼어요.

왜냐하면 난 그 시간에 서비스 만들어야 하는데 그걸 다 하나하나 하 면은 몇 개월 걸릴 것 같은 거예요. 그건 너무 낭비인 것 같아서. 그리 고 앞으로 제가 살면서 웹사이트 만들 일이 뭐가 있겠어요. 그걸로 장 사할 것도 아닌데. 그런 일들은 싹 다 맡기고. 잘하는 것만 하자가 레 버리지 마인드인데. 저는 이걸 되게 중요시 생각을 해요. 돈을 벌 때 진짜 중요하다 생각해요.”

그는 '레버리지' 책을 읽고 웹사이트와 블로그 디자인 등은 전문가에 게 맡기고 자신이 잘하는 일에 집중하며 효율적으로 사업을 진행했다.

직원을 구할 때도 자신이 잘 아는 분야를 교육시켜 주는 서비스를 제공하는 식으로 능력을 교환하며 비용을 절약하고 있었다.

이런 식으로 책에서 읽은 것들을 실제로 적용을 해나가면서 더 많은 것들을 배운다고 말했다. 뭐든 해봐야 알 수 있다는 마인드로.

책을 읽고 실천에 옮기자. 뭐든 해봐야 안다.

두려움을 이겨내면 펼쳐지는 것

하나의 중요한 사실도 깨달았다. 안전지대를 벗어나는 경험, 두려움을 이겨내는 경험을 통해 새로운 세상이 펼쳐진다는 것.

안전지대는 심리학 용어로 심리적 안정을 느끼는 상황을 의미한다. 이 상황에서는 큰 스트레스를 받지 않고 안정감을 느낄 수 있지만, 이 지대에서만 머무르면 발전하기가 어렵다.

안전지대 바깥, 조금은 불안하고 스트레스를 느끼는 학습지대가 존재한다. 심리학자들은 이 학습지대에서 오히려 집중력이 높아진다고 말한다. 우리가 두려움을 느끼는 새로운 도전 앞에 성장의 기회가 존재한다.

이 책을 쓰기 시작하고 B에게 인터뷰해달라는 메시지를 보낼 때 정말 두려웠다. 나를 이상한 사람으로 보면 어떡하지, 거절당하면 어떡하지 등의 수많은 두려움이 있었다. 하지만 그 두려움을 이겨낸 결과로 많은 걸 얻었다. 두려움에 떨며 메시지를 보낸 후, 두려움에 대한 역치가 높아진 게 즉각적으로 느껴졌다. 평소 모르는 사람에게 말을 걸거나 부탁하는 일을 정말 못했는데 편하게 느껴졌다. 내가 느끼고 있는 두려움이 실재하지 않는다는 걸 깨달았기 때문이다.

행동을 하기 전 상상으로 두려워했던 일들은 대부분 일어나지 않았다. A와 B 모두 나에게 호의적이었다. 걱정했던 일들이 일어났다고 해도 막상 현실에서 일어났을 때는 별 타격이 없었다. 그 일들은 상상 속에서만 그렇게 무서워 보였던 거였다.

그리고 주식과 사업에 대해 자세히 알게 되고, 소개받은 새로운 책들을 읽으면서 몰랐던 분야에 대해 알게 되었다. 평범하게 살아가는 방법밖에 모르던 내가 경제적 자유를 목표하게 되고 새로운 꿈을 꾸게 되었다. B라는 좋은 친구도 사귀게 되었다. 두려움에 포기했다면 얻지 못했을 세상이었을 텐데, 순간의 두려움을 이겨낸 보상으로 아주 많은 좋은 변화를 겪게 되었다.

이 배움을 통해 자유롭게 행동하고 도전하면서 두려움을 점점 더 없앨 수 있었다. B를 인터뷰하고, 다음으로 인터뷰를 하고 싶은 분이 계셨다. 연락을 해봤는데 아쉽게도 읽지를 않으셨다. 그래서 미친 짓을 하나 떠올렸다. '회사에 찾아가서 부탁해볼까?' 전의 나라면 진짜 절대 못 할 짓이다. 회사에 찾아가면 여러 사람이 있을 텐데 다 날 보면서 뭐라고 생각할까. 그분이 어떻게 반응할지도 모르고. 불쾌해하거나 당황하실지도 모르잖아. 이런 걱정들이 역시나 나를 가로막았다. 하지만 믿음이 있었다. 이 걱정들도 막상 상황을 마주하면 별것 아니게 될 거라고. 내가 잘 행동한다면 내가 원하는 대로 상황을 만들 수 있을 거라고. 그리고 성공한 사람들은 다들 소위 또라이 같은 행동을 한 번쯤은 해보았다는 사실을 떠올렸다. 나도 까짓거 한 번 해보지 뭐.

그런 생각으로 적혀있는 회사 주소로 찾아갔다. 회사에 도착하니 사무실로 가기 위해서는 인포메이션을 통과해야 했다. 미리 약속이 잡혀 있는 게 아니라면 통과할 수 없었다. 고민을 하다가 거기 직원분에게 말씀을 드렸다. 이분을 뵙고 싶어서 왔다, 혹시 확인을 해주실 수 있냐고 물었고 확인 결과 오늘은 계시지 않는다고 해서 연락처를 남기고 왔다. 정말 엄청나게 떨렸다. 내가 이상한 미친 사람처럼 보일까 봐 무서웠다. 그렇게 연락처를 남기고 돌아와 기다렸지만 결국 연락이 오지는 않았다. 하지만 내가 떨면서 걱정해야 할 만한 상황이 오지도 않았다. 아무런 일도 일어나지 않았다. 이렇게 용기가 조금씩 쌓여가는 걸 느꼈다. 조금씩 자신의 한계를 깨뜨리면서 믿음이 생기고 자신감이 생긴다.

앞으로 이 사실을 잘 기억하면서 사업에도 도전하기로 마음먹었다. 경제적 주인이 되고, 내 삶의 주인이 되고. 자유로운 삶을 온전히 누리고 싶다.

실패하면 뭐 어때. 그냥 해보는 거지.

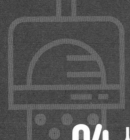

04 세상을 대하는 태도
C와의 인터뷰

interview

#다중전공_의대생 #스타트_업

#원격진료 #100만_이용자

#100억_투자유치 #실행력은_재능

#운의_힘 #미래를_주도_하라

미지의 세계

B와 인터뷰를 하면서 스타트업이란 걸 알게 되었다. 보통의 자영업과는 다르게 빠르게 성장하면서 시장을 장악하는 방식의 회사. B의 이야기를 들어보니까 정말 힘든 일 같던데. 무엇인지 궁금하다. 3년 안에 90%가 망한다는데?

창업가를 인터뷰하는 'EO'라는 유튜브 채널을 보게 되었다. 채널의 영상 하나를 보기 시작하면서 스타트업에 완전히 매료되었다. 스타트업은 세상에 없는 새로운 상품과 시장을 만들어내어 세상을 바꾸는 역할을 하고 있었다. 영상 속에서 '스타트업이란 세상을 디자인하는 일이다.', '인류의 문제를 풀고 미래를 주도해라.' 이런 말들이 나왔다. 내 마음속 깊이 묻어놓았던 세상을 바꾸고 싶다는 욕망이 떠올랐다. 가슴이 뛰었다. 더 좋은 세상을 내가 디자인하고 주도할 수 있다니. 본과 생활을 하며 틈이 날 때마다 EO의 영상을 보면서 스타트업 종사자들의 이야기를 들었다. 세어보니 대략 120개의 영상을 보았다. 스타트업은 내가 완벽하게 원하고 꿈꾸는 일이었다. 세상을 바꾸는 일을 하고, 성공하면 커다란 부도 따라올 수 있고, 끊임없이 성장할 수 있는 일.

좋은 창업가의 자질에 대한 이야기가 있었다. '빠른 러닝 커브, 맨땅에 헤딩할 수 있는 기질, 끊임없이 집착하고 포기하지 않는 태도, 지치지 않는 열정.' 탁월한 무언가가 없어도 집착과 열정으로 승부할 수 있다고? 더 마음에 들었다. 거기에 딱딱한 수직 구조가 아닌 수평적이고 자율적인 분위기를 지향하는 모습. 내가 꿈꾸던 환경. 드디어 내가 원하는 일을 찾은 느낌이었다.

의대생 중에도 스타트업을 하고 계신 분이 있었다. 닥터**의 C. 닥터**? 어떤 서비스인지 찾아봤는데, 원격진료와 약 배달 앱이었다. 원격진료? 엥? 이게 지금 이루어지고 있었어? 원격진료는 의료 관련 토론에서 자주 나오는 주제이다. 원격진료를 잘 이용하면 많은 사람들이 손쉽게 진료를 받을 수 있다. 평소 이동이 어려운 장애인이나 노약

자는 큰 도움을 받게 되고 응급상황에 빠른 대처가 가능하다는 장점이 있다. 하지만 정밀한 검진을 하지 못해 오진이 일어날 확률이 높아진다거나 약물 남용의 우려가 존재한다. 또한 아무래도 유명 교수님들이 있거나 원격 시스템에 많은 투자를 할 수 있는 대학병원에 더 많은 사람들이 쏠릴 거라는 부작용이 예상된다. 이런 우려들이 존재해 지금껏 시행되지 못하고 있었다.

이러한 원격진료는 먼 미래의 이야기라고 생각했다. 지금 한국에서 운영이 되고 있다는 사실을 전혀 몰랐다. 충격이었다. 내가 지금 의대생인데 원격진료가 되고 있는 지도 몰랐다니. 의사라는 직업에 많은 변화와 영향을 가져다줄 수 있는 산업인데도 말이다. 이렇게 살면 안되겠다는 생각이 들었다. 세상이 어떻게 흘러갔는지도 모르고 내가 타고 있는 배가 어디로 갔는지도 모르면서 노만 열심히 짓고 있는 건 정말 아니다. 세상이 어떻게 돌아가고 있는지 똑바로 쳐다봐야겠다는 경각심을 느꼈다.

B를 알게 되었을 때와는 또 다른 종류의 충격을 받고 C에 대해 자세히 찾아보았다. 닥터**은 10만 명의 누적 이용자 수를 갖고 있으며, 100억 원이 넘는 투자를 유치했다. 대표 C의 인터뷰를 많이 찾아볼 수

있었다. 원격진료 사업을 하고 싶은 마음을 갖고 의대에 입학했고, 입학한 후 미국의 원격진료 회사인 텔레닥에 방문해보기도 하고, 시드머니를 모으기 위해 건강검진 데이터를 받아서 영양제를 보내주는 사업도 해보았다는 내용. 거기에 3대 세계디자인 어워드인 IDEA에서 상을 타고, 코로나가 터졌을 때 약 배달이 가능한 약국을 보여주는 앱을 만들고, 학업과 사업을 병행하다가 응급실에 실려 갔던 이야기가 있었다.

와! 이렇게 사는 사람이 있구나. 엄청난 열정이 느껴졌다. 그는 인터뷰에서 의사로서 한 환자의 고통을 덜어주는 것도 좋지만 100만 명에게 일상의 행복을 주는 꿈이 있다고 밝혔다. 비대면 진료라는 필요한 미래를 앞당기고 싶고 그 과정에서 본인이 좋은 시스템이 만들어지는데 기여하고 싶다고 말했다.

원격의료와 약 배달은 코로나로 인해 한시적으로만 허용된 상태였다. 그런 만큼 대한의사회, 약사회의 반대도 있고 몇몇 논란과 비판이 많아 정말 힘들 것 같은데 어떻게 일을 하고 있는지 궁금했다.

이제는 조금 익숙해지나 싶었지만 여전히 떨면서 인터뷰를 부탁 드리는 메시지를 보냈다. 겨우 승낙을 받고, 학교 시험 전날에 약속이 잡혔지만 그런 건 아무래도 상관없었다. 스타트업의 현장 이야기를 직접 알아보고 싶었다.

인터뷰

다양한 경험

지하철역에서 내려서 5분 정도 걸어 도착하니 깔끔한 사무실이 눈에 들어왔다. 처음 방문해보는 스타트업 현장이었다. 떨렸다. 미팅룸으로 들어가 인사를 나누었다. 피곤한 기색에도 웃으면서 맞아주셨다. 강렬한 눈빛이 눈에 띄었다. 이 책을 쓰려는 이유에 대해서 설명을 드리고 감사하다는 말씀을 드렸다.

먼저 현재 운영 중인 닥터**에 대한 소개를 부탁드렸다.

C: 닥터**에 대해 소개를 드리면요. 비대면 진료와 의약품 배송 서비스를 하고 있어요. 저희는 가장 쉽고 빠른 의료서비스를 만들려고 하고 있어요. 의사와 약사, 그리고 환자 모두가 최상의 서비스를 제공하고 받을 수 있는 환경을 만들어주는 게 목표입니다. 최근에 좋은 성과로는 비대면 진료 애플리케이션 중에 가장 압도적인 순위와 환자 수 다운로드 수를 갖고 있고, 의약품 배송도 우리나라에서는 처음 시작을 해서 30분 내로 배달이 되는 시스템을 구축하고 있습니다.

완전히 새로운 시장. 비대면 진료와 의약품 배송 서비스. 이런 걸 대학생이 하는 게 가능하구나. 이 일을 하게 된 배경이 뭘까.

나: 일단 원격진료와 관련된 일을 해야겠다고 언제 결심하셨어요?

C: 고등학교 1학년 때였죠. 제가 대전에서 태어났어요. 대전에 그 노숙인하고 장애인 의료센터가 있어요. 거기서 대학교 입학하고 나서도 5년 정도, 1000시간 정도 봉사를 했어요. 대상이 장애인분들이다 보니까 저희가 전반적인 상담이나 의료 서비스를 도와드렸어요. 그걸 보고 '아, 이런 비대면 방식의 진료가 잘 이용되면 의사, 환자, 약사한테 다 좋은 시스템이 될 수 있겠구나'라는 생각을 했어요. 그리고 의대생이 되고 느낀 좋은 점 중 하나가 어디든 전화할 의사 선배님이 있다는 거였어요. 제가 저희 집

안에서는 첫 번째 의사였기 때문에 아이 있다는 거였어요. 제가 저희 집 안에서는 첫 번째 의사였기 때문에 아플 때 정보를 물어볼 의사가 없는 어려움이 있었거든요. 그래서 다른 사람들도 이런 게 있으면 좋겠다. 언제든 아플 때 전화할 수 있는 의사가 있으면 좋겠다고 생각을 했어요. 물론 돈을 내고요. 그래서 고등학교 1학년 때부터 원격의료에 관심이 있었어요. 대학교 오자마자 1학년 때 텔레닥(미국의 원격의료회사)이라던가 스탠퍼드 병원, 하버드 병원에서 원격의료를 어떻게 이용하고 있나 방문해봤어요. 본과에 들어가서도 일본의 약 배달회사에 일본에서 공부하는 친구에게 통역을 부탁해서 가기도 했어요. 이런 식으로 준비를 해왔죠.

오, 고1 때 봉사활동을 하면서 비대면 진료의 가능성을 보고 한국에도 있으면 좋겠다는 마음을 가지셨구나. 그렇게 생각하던 걸 대학에 오자마자 실천에 옮겨서 관련 회사랑 대학에 방문하다니. 엄청난 적극성과 실행력인데? 외국 회사에 갑자기 방문하는 게 상상도 안 가고 무서울 것 같은데. 어떤 식으로 방문을 하신 걸까?

나: 방문을 해서 어떤 걸 보신 거예요?

C: 예를 들어 일본에 약 배달이 생긴 걸 알고 약 배달회사에 이메일을 보냈어요. 이런 문제는 어떻게 해결하셨나요, 이런 고민은 어떻게 하셨나요,

어떤 반응이 있었나요. 이런 걸 물어봤어요. 그런데 그분 이랑 저랑 둘 다 영어를 잘 못 하는 거예요. 그래서 항상 막 구글 통역기를 돌리면서 메일을 하다 보니까 의사소통이 잘 안 돼서 아, 안 되겠다 방문해야겠다고 생각했어요. 그래서 일본에서 사는 친구에게 통역을 부탁해서 직접 이야기를 했어요.

어떤 걸 물어봤냐면… 그런 거였던 것 같아요. '약 배달을 정말로 환자들이 좋아하나요? 의사, 약사님들이 좋아하나요? 뭐가 제일 힘들 었나요? 어떻게 극복하셨나요?' 그런 것들?

미국에 갔을 때도 엄청 신기했던 게. 환자가 심장 박동을 측정하는 기계를 항상 차고 있어. 심장 질환을 갖고 있거나 심정지 가능성이 있으면 기계를 항상 차고 있어서 심장에 이상이 있으면 자동으로 119가 불러지고 의사에게 콜이 가는 거예요. 엄청 멋있지 않아요? 한국 같으면 심장 정지 되면 집에서 혼자 돌아가실 수 있는데, 이런 기계를 차고 있으면 가족도 당장 달려오고 병원에 바로 가서 치료해줄 수 있고 한 사람의 목숨을 살리는 거잖아요. 그걸 보면서 아, 미국에는 이렇게 좋은 게 있구나, 해외는 벌써 이렇게 하는구나. 그런 걸 많이 느꼈죠.

그러네. 저런 심장 측정 장치를 이용해서 즉각적인 관리가 가능하면 되게 좋겠다. 외국에 방문해서 알아봤다고 해서 영어는 당연히 잘하실 줄 알았는데. 그런 건 별로 상관이 없구나. 내가 찾아봤던 여러 일들에 대해 또 다 여쭤봤다. 영양제 사업도 하고, 디자인 대회도 나가고, 되게 특이한 경험담인데 편의점을 관찰하는 일도 하셨다고 했다.

나: 그다음에 영양제 사업을 하신건가요?

C: 아, 네. 굉장히 많이 찾아보셨네요. 원격진료를 저는 계속하고 싶었구요. 제대로 된 원격진료를 만들려면 10억 정도는 있어야 한다고 생각했어요. 그래서 저는 현금 10억을 모으려고 했었어요. 첫 번째로 시도했던 게 영양제를 개인 맞춤형으로 주는 서비스였어요. 요즘 영양제 여러 개가 한 포씩 들어가 있는 게 많잖아요. 당시에 그 사람의 건강검진 데이터를 받아서 알맞은 영양제를 보내주는 일을 했어요. 약 포장 기계를 제가 알바해서 모은 돈으로 사서 직접 포장해서 각 사람에게 하루 1000원, 2000원 정도로 보내드렸죠. 이 일을 3~4개월 정도 했어요. 그때가 예과 2학년 말이었는데, 이 서비스의 투자 제안을 받았어요. 투자를 받으면 이제 학교를 휴학하고 사업을 해야 했는데, 본과에 가고 싶다는 욕심이 있었어요. 왜냐하면 본과 가기 무서워서 휴학했다는 소리를 듣기 싫었어요. 본과 1, 2학년이 그렇게 힘들다는데 내가 한번 해봐야지. 얼마나 힘든지 보자

는 마음으로 해보고 싶었고. 그리고 사업을 하다 보니까 10억을 꼭 내가 벌어서 하지 않더라도 투자를 받으면서 할 수 있다는 걸 알게 되어서 남은 영양제를 재고 처리를 하고 계속 학교를 다녔죠.

현금 10억을 모으려고 했다⋯ 그렇게 무작정 영양제 구독 서비스 실행했다⋯ 이분의 머릿속에는 한계란 없는 건가? 더 놀라운 것. 세계 3대 디자인 대회 수상. 도대체 뭐지?

나: 그다음으로 디자인 대회 수상을 하셨던데 이 대회는 어떻게 나가게 되셨나요?

C: 그 사실 의대생은 의사가 아니잖아요. 저도 어디 가면 대학생인 신분이고. 원격진료를 하려는데 제가 갖고 있는 인적 네트워크가 의대 친구들밖에 없잖아요. 그래서 다른 분야의 네트워크가 필요하다는 생각을 했어요. 그리고 제가 학교에서 다중전공을 했어요. 학교에서 다중전공을 한사람은 제가 아마 처음인 것 같긴 해요. 학장님을 여러 번 찾아가서 다중전공을 하게 해달라고 부탁을 드렸어요. 결국 제가 다중전공을 하게 되었죠. 여러 수업을 청강을 많이 했어요. 몰래몰래 가서 디자인 수업도 듣고, 개발을 위한 코딩 수업도 듣고 이렇게 했어요. 누군가 그 얘기를 해주더라구요. 세계 3대 디자인 어워드라는 게 있대요. 거기서 상을 받으면 나중

에 삼성이나 LG에 입사하는 게 엄청 쉽다고 하더라구요. 뭐, 저는 입사할 생각이 있는 건 아니었지만. 그럼 제 네트워크 중에 디자이너분들은 없는데, 만약 제가 3대 디자인 대회 시상식에 가면 거기에는 뛰어난 디자이너들이 많잖아요. 그래서 시도를 해봤죠.

두 개 디자인 어워드에 지원을 했는데, 하나가 세계 3대 디자인 어워드 중 하나인 'IDEA'라는 대회이고, 두 번째가 그 '제임스-다이슨'이라고 국내 대회였어요. 다이슨 아시죠, 청소기. 거기에 출품해서 감사하게도 둘 다 상을 받게 되었습니다. 그때 의료기기를 디자인해서 지원을 했고, 이틀 정도 밤을 새서 만들었어요. 인풋 대비 아웃풋이 엄청 좋았죠.

원래 좋은 아이디어들은 몇 개 있었고, 그중에서 뭐가 제일 좋을까 고민을 해서 골랐어요. 제가 원래 의대 다닐 때부터 특허는 몇 개씩 내놨어요. 알코올 핸드크림부터 디바이스 장치까지. 그중에 제일 괜찮은 거로 출품을 했어요. 제가 대충 디자인한 걸 다자인과 다니는 친구한테 수정해달라고 부탁을 했어요. 친구한테 '야 이거 수정해줘. 3대 디자인 어워드에 낼 거야.'라고 하니까 웃더라구요. '너가? 여기에?'라면서요. 그 대회가 아마 작년에 삼성인가 LG에서 상 9개를 받았거든요. 근데 네가 받는다고? 그랬는데 감사하게도 잘 됐어요. 정말 운이 좋았죠. 그걸 통해서 다른 디자이너분들을 많이 알게 되었어요.

최근에는 저희 회사가 다른 3대 디자인 어워드 중 하나인 'IF 디자인 어워드'에서 상을 받았어요. 이건 회사로 받은 거죠. IDEA에서 받았던게 의료계 쪽에서는 세계 최초인 거로 알고 있어요. 어쨌든 그 대회 시상식에서 아주 좋은 디자이너분들을 아는 데 도움이 되었어요. 지금 회사에 계신 디자이너분도 그곳에서 알게 되었고. 3대 디자인 어워드 중에 '레드 닷' 이라는 대회가 하나 남아서. 나중에는 거기도 도전해보려고 합니다.

와…. 학장님을 찾아가서 부탁하다니. 없는 다중전공 제도를 만들어서 다중전공을 하셨구나. 나도 복수전공을 하고 싶다는 생각은 했는데 의대에서는 학점 구조상 불가능해서 그냥 포기했었다. 학장님을 설득 할 생각은 전혀 해보지 못했었는데 머리가 띵했다.
그리고 특허라니. 3대 디자인 어워드라니. 아무렇지 않게 특허 몇 개가 있다고 말하는 게 놀라웠다. 네트워크를 만들려고 출품해 대기업 사이에서 상을 타다니. 클래스가 다르구나. 불가능과 한계는 생각하지 않나 보다. 원래 디자인 쪽에 경험도 없는데 몰래 청강하고 상을 받았다고?

나: 디자인 공부는 그냥 수업만 듣고서 그렇게 디자인을 하신 거예요?

C: 아, 네. 좋은 디자인이나 좋은 마케팅은 항상 제가 봐요. 잘 그리지는 못

하는데. 많이 보고 많이 생각하고. 취미가 약간 그런 거였어요.

좋은 마케팅 보는 거.

> 취미가 그런 거였구나. 특이하시다. 인스타그램 보다가 편의점을 관
> 찰하는 취미가 있다는 것도 알게 되었다. 그건 또 뭐지?

나: 제가 또 인스타에서 봤던 게 있는데. 편의점을 관찰하셨다고.

C: 아, 맞아요. 네, 편의점을 봤었죠. 사업하고 나서는 거의 못 가는데, 학교

다닐 때 하루나 이틀에 한 번 가서 편의점을 봤어요. 제가 영양제 서비스

를 하면서 나름대로 큰 회사를 운영하는 대표님들을 만났어요. 그 대표님

들께서 편의점을 잘 보라고 하시더라구요. 진짜 별거 아닌데 그 편의점에

서 가장 시각적으로 바로 보여지는 자리, 일명 '로열층'을 차지하기 위해

서 많은 노력이 들어 간대요. 많은 제품들을 비교하면서 매출을 보고 편

의점에서 들어가고 나가는 걸 보는 팀이 따로 있다고 하더라고요. 거기서

굉장히 큰 임팩트를 얻었어요.

우리 집 1층에 편의점이 2~3년간 있었거든요. 제가 사장님한테 좀 살갑

게 해서 아무것도 안 사고 그냥 앉아서 편의점을 봤어요. 30분 동안. 어,

요즘 어떤 제품이 새로 나왔네! 부터 뭐가 인기인가보다. 정말 간단한 예

시로는 과거에는 음료수의 로열층에 슬림한 캔이 있었는데, 요즘에는 뚱캔이 차지해요. 그런 것들을 현장에서 실무적으로 보는 걸 좋아해서, 편의점을 즐겨 갔었죠.

원격진료를 잘하기 위해서 많은 노력을 하셨다는 걸 알 수 있었다. 직접 롤모델이 되는 회사를 찾아가서 질문을 해보고, 학장님을 찾아가 다중전공을 하면서 디자인, 코딩 공부를 청강을 해가면서 듣고. 준비단계로 영양제 사업 해보고, 네트워크를 얻기 위해 디자인 어워드에 나가고. 차근차근 할 수 있는 걸 하면서 도전을 하면서 많은 경험을 하셨다는 걸 알 수 있었다. 하나만 해도 대단한 경험을 이렇게 다 하셨다니.

험난한 과정

그렇게 준비를 해나가다가 어떻게 본격적으로 스타트업 회사를 시작하기로 결심하게 되었고, 원격진료라는 닥터** 서비스를 만들어나가기까지 어떤 구체적인 과정을 거쳤는지 궁금했다. 앱에 등록할 병원, 약국은 어떻게 구하고, 회사의 팀원은 어떻게 구하고 이런 자세한 내용을 여쭤보았다. 스타트업을 하고 싶은 마음이 있어서 시작하게 되다면 어떻게 해야 되는지 최대한 알고 싶었다.

나: 또 궁금했던 게 하고 싶은 게 있어도 보통 대학을 졸업하고 해야지, 라고 생각하잖아요, 그럼에도 바로 시작한 이유가 뭔가요?

C: 일단은 현실적으로 비대면 진료는 2년 내에 될 거라는 확신이 있었어요. 당시에는 코로나가 없었기 때문에 이렇게 빨리 올 줄은 몰랐지만, 2년 내에 비대면 진료는 될 수밖에 없겠다는 확신이 있었어요.

저는 사실 수업 들으면서 맨 뒷줄에 앉아서 리포트 봤거든요. 수업을 잘 듣지는 않았고, 모범생 스타일은 아니었던 거 같아요. 남들 학교 끝나면 매일 그날 배운 거 복습하잖아요. 저는 매일 열람실 뒤쪽 한구석에 가서 리포트 봤어요. 아, 현재 의료 동향이 이렇구나, 산업이 이렇게 변하고 있구나. 그러면서 그럼 우리나라도 결국 이렇게 되겠구나라는 확신이 있었어요. 국민 총의료비도 현재 어떤지 보면서 비대면 진료가 2년 내에 이루어지겠다고요. 그 2년 동안 내가 먼가 사회에 좋은 서비스를 만들면 좋지 않을까 하는 생각을 했었구요. 그래서 이제 회사를 차리고 원래는 전자처방전 같은 서비스를 2~3달 동안 개발을 하고 있던 찰나에, 코로나19로 인해서 비대면 진료가 열렸어요. 전자처방전 제품개발이 95% 완료가 되어서 출시하기 직전에 있었는데, 그걸 접었죠. 정말 핵심은 이 비대면 진료 플랫폼이다 하고 시작했어요.

> 2년 뒤에 비대면 진료가 열릴 거라 생각하고 준비를 하고 있었다. 그러다가 코로나로 허용이 되는 기회가 와서 바로 시작을 했던 거구나.

나: 비대면 진료 플랫폼을 만들겠다고 다짐하고 먼저 무엇을 하셨나요?

C: 비대면 진료가 가능하게 된다고 정부에서 발표를 했는데. 사람들이 실제로 비대면 진료가 가능한 병원을 몰랐어요. 그리고 의약품 배송도 가능하다고 했는데 가능한 약국들을 사람들이 몰랐어요. 그래서 병원에 전화해서 물어보니까 아무도 모른다는 거예요. 한다는데도 있고 모른다는 데도 있고. 특히나 대구에 친척 누나들이 살고 있었는데, 당시 대구에 코로나가 너무 심해진 상태였어요. 그래서 대구 지역을 중심으로 실제로 비대면 진료가 가능한 병원, 배달 가능한 약국들을 리스트로 만들어서 웹페이지를 만들었어요. 꽤 많은 분들이 방문을 해주셨어요. 저희가 뭐 대단히한 거는 없고 일종의 주소록을 작성한 거죠. 거기에 지도만 보여드렸고. 그런 것들이 호응을 많이 얻게 되었어요.

웹사이트가 호응을 얻는 걸 확인하면서 이제 다음 단계로 넘어갈 확신을 얻게 되었다. 그런데 회사는 어떻게 만든 거지? 같이 일할 팀원은 어떻게 모으고? 다 알고 싶어.

나: 그때 같이 일하신 분들은 어떻게 알게 된 분들이에요?

C: 본과 2년 동안 학교에 다니면서 계속해서 좋은 개발자 친구들을 모으려고 하고 있었구요. 정말 간단한 예시로 뭐 학교 게시판에 글도 써 올리고. 공대에다가 팀 멤버를 찾습니다, 이런 전단지 같은 걸 붙이기도 하고. 그리고 뭐 개발자 친구들이 있으면 항상 소고기 같은 음식을 사주기도 했어요.

그렇구나. 전단지를 붙여보고 온라인에 글을 올리고 이런 방식으로 팀원을 구하셨구나. 엄청나게 고상한 방식이 따로 있는 게 아니었어.

나: 플랫폼을 만들어간 과정을 말씀해주실 수 있나요?

C: 비대면 진료를 하는 의사 선생님들을 찾아갔어야 했죠. 제가 속한 의대 동아리 명부를 봤어요. 친했던 동아리 선배님들에게 말씀을 드리면서 '선배님. 비대면 진료는 의사 선배님들께도 도움이 되는 거다.
이게 3차 병원만이 배불러지는 게 아니라 1차 병원에게도 도움이 되는 거다. 기존에 의료계가 우려하던 부분과는 전혀 반대의 방향으로 데이터가 증명하고 있다. 이건 정말 의사, 환자, 약사 모두에게 좋은거다'라고 이야기를 드렸어요. 이런 식으로 설득을 해나갔습니다.

약국 같은 경우에는 예전에 여름에 전단지 들고 다니면서 약국 선생님께 설명을 드렸죠. 의약품 배송 서비스가 있는데, 이런 배송 서비스가 약국에 도움이 될 수 있다. 또 정부에서 이걸 허용해 주셨습니다. 배송 서비스가 있으면 환자도 좋고 병원도 좋고 약국도 좋습니다. 지금 코로나로 환자분들께서 두려워하시고 계신 데, 이런 걸로 좀 도움을 드릴 수 있을 것 같다. 그렇게 설득을 했죠.

결국 대표는 하나부터 열까지 다 해야 되는 것 같아요. 회사는 크게 두 가지거든요. 어떤 분께서 말씀해주시길. 대표의 업무는 크게 두 가지로 나뉘는데, 개발 외에 남은 업무 50%는 잡무다. 남은 팀원들이 개발에만 집중할 수 있도록 50%의 잡무를 해결하는 것이 대표의 몫이다, 라고 제가 존경하는 분께서 말씀해주시더라구요.

> 와, 몸으로 다 뛰면서 의사, 약사분들을 설득하신 거구나. 대박이다.

나: 가장 어려웠던 점은 무엇이었나요?

C: 가장 어려웠던 게 유통이죠. 약을 배달하려고 하는데, 약사님께서 어떻게

배달하실지 고민을 하시더라구요. 그래서 택배 시스템을 구해야 했죠. 사실 원격진료나 의약품 배송이 OECD 국가들 중에서는 32개 국가가 하고 있고 G7이 다 하고 있거든요. 선례는 많았어요,

그런데 우리나라는 처음이다 보니까 약 배송 시스템이 없었죠. 이게 누구한테 약이 가 있고 누구한테 약이 배송되고 있고 지금 그 배송원이 어디에 있는지를 알려주는 게 필요해 보였어요. 그래서 보통 음식 배달 시스템은 잘 되어 있잖아요. 배달의 민족이라던가. 실제 배달의 민족에 배달을 해주는 라스트 마일 서비스를 운영하는 배달회사에 찾아갔죠. 그래서 대표님을 뵙고 말씀을 드렸어요.

'대표님 이런 의약품 배송 서비스는 사회적으로 필요하다. 의사분들께서 의료현장에서 방역을 위해 방역복을 입고 노력을 하고 계시다면, 우리도 나름대로 방역을 위해서 감염을 막기 위해 노력을 하는 거다. 이게 돈은 안 될 수도 있습니다. 대표님. 그런데 대표님께서도 뿌듯하실 거다. 나중에 대표님 자녀분들께서 아빠, 그때 코로나 어땠어? 라고 물어봤을 때 어, 나도 그때 나름대로 사회적으로 역할을 했어라고 당당하게 이야기할 수 있는 사례가 될 거다. 그래서 돈은 안 될지도 모르고, 배송 시스템을 연동하는 데 힘은 들 수 있지만, 사회적으로 필요한 일이다. 대표님이 갖고 있는 인프라와 시스템으로 실현할 수 있다.' 이런 식으로 설득을 했어요. 그래서 배송 시스템을 할 수 있게 되었어요.

우와, 퀵서비스처럼 배달을 담당하는 배송 시스템 대표를 찾아가서 직접 설득하다니 설득 말발도 장난 아니다. 자신감 넘치게 이 부탁이 갖고 있는 가치를 설명하고 상대를 설득하기. 닮고 싶다.

나: 또 어려웠던 점이 법이 논란이 있었잖아요. 그 과정은 어땠어요?

C: 비대면 진료나 의약품 배송이 법적으로는 대부분 다 안 되는 걸로 해석이 되었어요. 대법원 판례에 따라 달라지기는 하지만요. 다만 해당 법들은 1963년도에 만들어진 법이거든요. 당시 법이 그대로인 거예요. 특히 약사법은 60년이 넘는 기간 동안 유지가 되고 있어요. 사실 1963년도면 그거죠. 전쟁 끝나고 10년 뒤에 만들어진 법이요.

우리나라가 택배나 배송이나 인터넷, 전화기도 제대로 없던 시절에 만들어진 법이라는 거죠. 그게 아직까지 계속 적용이 돼서 60년 뒤에 현재까지도 유지되고 있었던 거예요. 해외의 사례와는 다르게 우리나라에서는 이런 제도들이 기술의 발전에 따라 바뀌지 않아서, 혁신의 기회들이 없었던 거죠. 물론 당시에는 어쩔 수 없이 만든 법이었지만, 환경이 많이 달라졌으니까 바뀔 필요가 있죠.

그래서 비대면 진료가 가능하냐에 대한 논란이 많았구요. 그 후에 의약품 배송이 가능하냐에 대한 논란도 많았어요. 코로나19로 허용이 된 부분을 의사 선생님, 약사 선생님들도 잘 모르고 계셨기 때문이에요. 그래서 이

것들이 실제로 가능하다는 정부의 서류를 받았고 공개를 하면서 법적인 논란들이 멈춰졌죠.

나: 그럼 그 법 관련도 직접 알아보시고 하신 거예요?

C: 네, 당연하죠. 처음부터 저희 말고 다른 분들이 그런 해석을 받았는데 알고 계신 분들은 알고 계셨어요. 근데 그 사실이 확산이 안 돼서 논란이 되었죠.

나: 플랫폼 이용료를 받지 않는다던데 이유가 있으신가요?

C: 일단은 저희 회사 자체가 서울시의 소셜 벤처로부터 공식적으로 지원을 받았어요. 사업을 시작한 저의 목표 자체도 돈을 굉장히 많이 벌고 싶다는 마음보다는 내가 잘할 수 있는 능력을 활용해서 의사, 환자, 약사분들께 도움을 주고 싶다는 마음이었어요. 그런 의도로 시작을 했어요. 그리고 새로운 부가적인 가치로 다른 방향을 통해서도 수익 창출을 할 수 있을 거라고 봤습니다. 그래서 현재는 플랫폼 이용료에 대한 계획은 없어요.

이렇게 닥터**이라는 플랫폼을 만들기까지의 과정을 알게 되었다. 의사, 약사분들을 직접 찾아가 설득을 하고 전단지를 돌리며 팀원을 구하고, 배송 서비스 대표님을 찾아가 설득하고. 법적인 문제도 해결하면서 말 그대로 다 하셨구나. 엄청난 모험담을 들은 기분이었다.

CEO의 역할

세상에 가치를 주고 만들어내는 변화. 고난이 있어도 포기하지 않고 목표를 이루어내는 열정. 저절로 따라오는 성공. 스타트업이라는 거 해보고 싶은데? 만약 저 대표라는 역할을 하게 되면 무엇을 해야 하지? CEO가 뭘까.

나: CEO는 정확히 어떤 역할을 하는 건가요?

C: 사실 저도 잘 모르지만, 회사의 단계에 따라 다른 것 같아요. 1인 CEO라면 다 해야 되겠죠. 팀원이 5명인 CEO라면 그래도 뭔가 조금 해야 되겠죠. 근데 500명이 있는 CEO라면 또 다른 역할을 하겠죠. 회사마다 다른 것 같은데. 제가 존경하는 대표님이 하시는 말로는 두 개 $+\alpha$ 라고 하시더라구요. 하나는 나보다 더 똑똑한 사람을 또 다른 하나는 회사에 매출을 일으키든 투자를 받든 대출을 하든 직원분들에게 급여를 지급을 하는 것. 쉽게 얘기하면 돈을 끌어오는 거죠. 거기에 플러스알파를 하자면 회사의 미래를 보는 거라고 얘기를 하시더라구요.

저는 아직 그렇게 잘하고 있다고 생각하지는 않아요. 배우는 과정인 것 같아요.

> 돈을 끌어오고 미래를 보는 일. 회사의 규모에 따라서 하는 일이 다
> 다르다. 어렵네…. 구체적으로는 어떤 일을 하시는지 알고 싶다.

나: 음, 그러면 조금 더 구체적으로는 평소에 하시는 일은 뭐에요 여기 출근하면?

C: 지금은 좋은 인재들을 모시는 데 집중을 하고 있어요. 저는 모든 인터뷰에 꼭 참여하고 있어서, 인터뷰도 하고. 결국 의사결정을 대표가 내려야 하기 때문에. 각종 현안들에 대해서 의사결정을 내리고. 저는 좀 더 서비스 센트릭 한 마음가짐을 계속 가지려고 노력을 해서. 실제로 서비스를 기획을 하거나 개발, 디자인에 참여하고 있습니다. 대표는 다 해야 돼요. 또 다른 제가 존경하는 대표님이 하시는 말이. 그분이 뭐 대기업의 간부님이신데. 딱 그 얘기를 하시더라구요. 대표는 회사를 아이 돌보듯이 해야 된다고. 물론 지금은 아이가 없어서 모를 텐데 딱 아이 돌보듯이 해야 된다고. 저는 아직 모르지만 아이가 생기면 그 마음을 알 수 있지 않을까요? 뭔가 집에서도 생각나고 뒤돌아봐도 챙겨야 하고 그런 느낌 아닐까요? 제가 이해하기로는 그렇습니다.

나: 그러면 CEO에게 가장 필요한 능력은 뭐라고 느끼고 계세요?

C: 아, 너무 많은데. 다 필요한데. 뭐가 있을까요. CEO에게 가장 필요한 능력. 정말 다 필요한 것 같은데, 그중에서 하나를 꼽자면. 아! 이거 꼭 넣어

주세요. 사실 제가 이런 걸 말할 만한 짬이 아니거든요. 그럴만한 성과를 내지도 못했고 이런 말을 하는 것 자체가 주제넘은 거긴 하지만, 그래도 뭔가 저의 인터뷰를 통해 정말 작게나마 조언이 될 수 있다면. 대표는 결국 결정의 연속인 것 같아요. 하나하나 결정을 어떻게 하냐에 따라 회사가 잘 될 수도 있고 망할 수도 있구요. 좋은 사람이 들어올 수도 있고 아닐 수도 있고. 결정력이 제일 중요하지 않나 싶어요. 결국은 결정력.

나: 그럼 본인은 결정을 어떻게 하세요?

C: 저는 굉장히 많이 고민을 하구요. 주변 사람들의 조언을 다 듣고요. 보통 데이터 기반으로 결정을 하려고 노력을 하구요. 그런 걸 하기 위한 장치들을 마련하려고 합니다. 그런 게 없을 수도 있잖아요. 그럴 때는 믿어야죠, 결국. 저의 선택을 믿거나 다른 사람이 조언해준 걸 믿거나. 아, 맞아요. 보통 사업 선배님들한테 많이 물어봅니다. 진짜 많이 물어봐요. 제가 진짜 감사한 것 중 하나가 운이 좋은 거죠. 좋은 선배님들이 많이 생겼다는 거. 많이 물어봅니다.

회사의 운영을 바꿀 수 있는 게 결정이기 때문에 의사결정이 중요하다. 데이터 기반으로 결정을 하고 선배님들께 여쭤보고 계셨다.

나: 지금까지 대표로서 회사를 운영하시면서 가장 힘들었던 순간이 있으셨

나요?

나: 지금까지 대표로서 회사를 운영하시면서 가장 힘들었던 순간이 있으셨
나요?

C: 첫 투자를 받기 전에는 회사에 남은 잔고가 거의 없어서 5만 원씩 넣을
정도로. 원래 창업자본금 외에 어도비 프로그램 낼 돈 그게 없어서 제 통
장에 계속해서 10만 원, 20만 원씩 넣을 때가 있었죠. 그랬고. 사실 저는
그렇게 힘들지는 않아요. 세상이 모든 사람은 힘들잖아요. 의사해도 힘들
구요. 사업해도 힘들고, 저희 팀원들도 힘들고 각자의 고민이 다 있는데.
그냥 힘든 점이 있다면 대표는 항상 사용자들에게 가장 좋은 사용자 경험
을 줘야한다는 것에 대해서는 항상 강박이 있는 것 같아요.

그것 외에는, 힘든 순간순간도 사실 재미를 느껴서 힘든 건 없습니다.

힘든 걸 즐겨요. 재밌잖아요. 하고 싶은 일 하고 우리 서비스 좋다고 해서
메일도 보내주고. 감사하다고.

회사의 돈이 다 떨어져서 몇만 원씩 꺼내 넣고… 심적으로도 체력적
으로도 많이 힘들었을 것 같은데 다 버티셨구나. 그래도 힘들다고 생
각하시지 않는다니. 일을 정말 좋아해야 할 수 있겠다는 생각이 든다.

앞으로의 목표

어떻게 회사를 만들어왔고 CEO로서 어떤 일을 하고 계신지 알게 되었다. 목표하는 바를 위해 꾸준하게 집념을 갖고 걸어온 과정을 들으며 대단하다는 생각이 가장 많이 들었다. 앞으로는 어떤 목표를 갖고 계신지 여쭤봤다.

나: 닥터**의 미래는 어떻게 생각하고 계신가요?

C: 지금은 원격진료하면 닥터**이 생각이 나지만 나중에는 아플 때 119 다음으로 닥터**이 생각이 났으면 좋겠어요.

나: 어떤 걸 계획하고 계세요?

C: 단순히 원격진료뿐만 아니라 우리가 뭔가 삶의 건강이나 의료를 대하는 데 있어서 부가적인 가치를 제공하고 싶어요. 사실 뭔가 그렇잖아요. 토스가 있기 전에는 돈을 송금하는 게 이렇게 불편하고 어려웠다는 것 자체를 망각하고 있었죠. 배달의 민족이 있기 전에는 우리가 배달을 시키는게 이렇게 불편했다는 걸 몰랐었죠. 그런 것처럼 지금은 우리가 별로 불편하다는 걸 인지하지 못하고 있지만. 아, 우리가 이전의 삶이 이렇게 불편했구나, 라고 느낄 정도로 가장 쉽고 편한 의료서비스를 제공해드리는 게 목표입니다.

사람들의 삶을 변화시킨다. 정말 그렇네. 배민 있기 전에는 배달 간편하게 할 수 있다는 생각도 못 했는데. 그것처럼 쉽고 빠른 의료서비스를 만들어 삶을 편리하게 만들기. 사명이 느껴졌다.

나: 지금 대학생 신분으로 창업을 하는 거의 장단점이 뭐가 있을까요?

C: 투자를 받기 시작하면 다시 되돌리기 어려운 강을 건너는 거라고 말씀 해주셨어요. 제가 좋아하는 투자자 대표님께서. 단점은 경험이 없죠. 그리고 주변에… 저는 개인적으로 창업하기 좋은 나이대는 30대 중반이라고 개인적으로 생각을 해요. 왜냐면 주변에 친구들이 사회적으로 경험이 있어서 우리 하자, 라고 했을 때 다 경험자들이 오니까. 근데 저 같은 경우는 저도 미숙한 상태인데 저보다 더 이제 경력이 있는 분들을 모시려고 하니까. 그분들한테 제가 잘할 수 있다는 걸 설득을 하려고 하니까 힘들죠. 근데 단점이 엄청 많아요. 저는 개인적으로 대학생 창업을 저도 했지만 그렇게 권하지는 않는 것 같아요. 친구들이 물어보면. 그래도 제 주변에는 대학생 때 창업한 분들이 꽤 있네요. 장점을 하나 얘기하면. 체력이 좋다.

나: 그러면 누가 하고 싶은 일이 있는데 시작할까 말까 고민이 있다면 졸업하고 하시는 걸 추천하시나요?

C: 네.

흐음, 그렇구만…. 힘든 점이 많구나. 경험이 없으니까 쉬운 일은 아니겠다.

나: 스타트업을 하려는 사람한테 그래도 조금 조언을 해준다면?

C: 너무 힘든 것 같아요. 이렇게 작은 회사를 운영하는 것도 힘든데. 더 큰 회사를 운영하는 선배님들은 얼마나 힘들까는 생각이 드는데. 같이 견디고 힘을 냅시다. 지금 하나하나 하는 거가 결국은 다들 좋은 걸 만들려고 하는 거 거든요.

세상에 없던 풍요를 만들려고 하는 거고. 같이 견뎌냅시다.

세상을 대하는 태도

확실히 그동안의 경험이 남달랐는데… 엄청 뚜렷한 목적의식을 갖고 어떤 가능성이든 믿고 노력하는 모습이 정말 인상적이었다. 학과장 찾아가는 거부터 불가능해 보이는 기회에 거리낌 없이 도전하고. 어떤 태도를 갖고 사시길래 가능했을까?

나: 그러면 뭐 고등학교 때 누구나 생각쯤은 한 번씩 할 수 있잖아요. 아 이런 게 있으면 좋겠다. 근데 이걸 실천하고 많은 일을 하셨던 원동력이 뭘까요?

C: 원동력이라… 일단 저는 일을 좋아하고요. 일을 너무 좋아하고. 실행력이 좋다고 생각을 해요. 실행을 하고 안 하고는 정말 큰 차이를 낳는다고 보고. 실행력이 있어서 다른 사람보다 조금 더 실행을 많이 했다.

나: 음, 뭔가 하고 싶은 게 생기면 그때그때 해야 하는 건가요?

C: 네, 그런 거라던가. 상상하는 걸로 만은 만족이 안 됐던 거 같아요. 상상은 할 수 있는데 모르잖아요. 안 해보면. 해봐야지.

나: 힘들지는 않으셨나요? 몸이 열 개여도 모자라 보이는데… 본과 동안 다 어떻게 하셨어요?

C: 저희 학교는 1~2주에 한 번 금요일에 시험을 봤어요. 월화는 제가 하고 싶은 공부를 해요. 디자인이나 개발을 공부하거나 리포트를 보거나 하고. 수목금은 다 밤을 새요. 자랑은 아니라 부끄러운 일이지만. 본과 1학년 때 한번 본과 2학년 때 한번 잠을 못 자서 응급실에 실려 간 적이 한 번씩 있어요. 50시간 이상씩 잠을 못 자서. 그때는 약간 그 중간 정도는 성적을 받고 싶은 욕심도 있었고. 그렇고. 또 다들 열심히 공부하는데 나도 해야겠다는 생각도 들었고. 힘들었던 것 같아요. 사실 본 1, 2가 가장 힘들었어요. 지금도 힘들지만 본 1, 2가 제일 힘들었구요. 사업하고 같이 병행하기가. 주변에 좋은 형, 누나들이 많이 도와줘서 할 수 있었던 것 같아요. 그때 같이 일했던 동기들이 없었다면 저는 아마 힘들었지 않았을까 생각을 합니다.

> 응급실에 실려갈 정도로… 세상에 이런 사람도 있구나. 엄청난 의지력. 본인은 뭐라고 생각하실까? 이렇게 보통 사람들은 하지 못하는 도전을 하고 성과를 만들어낼 수 있었던 이유.

나: 지금 닥터**을 운영하시는 게 되게 대단한 일이잖아요?

C: (절레절레)

나: 아, 그렇게 생각 안 하세요?

C: 절대 그렇게 생각하지 않아요. 하하하

나: 헉. 저는 그렇게 생각하는데, 그러면 여기까지 올 수 있었던 본인만의 능력이 뭐라고 생각하세요? 그래도 뭔가 다른 사람보다는 뛰어난 뭔가가 있으니까 여기까지 오지 않았을까요?

C: 일단 꼭 앞에 그 얘기를 써주세요. 내가 뭐가 잘났다고 라고 할까나… 첫 번째로 저는 운이 좋았어요. 운이 좋게도 주변에 좋은 사람들이 많았고. 주변에 조언해주는 소중한 선배님들이 계셨고. 의대 생활을 하면서도 사업을 할 수 있게 도와준 우리 동기분들이 있었고. 사업에서도 운이 굉장히 좋다고 생각합니다. 개인적인 능력에 대해서 생각을 하자면. 물론 저는 이런 말을 하는 깜냥도 안되고. 진심으로 그럴 깜냥도 아니고. 그럴 성과도 아니고. 성과를 냈다고 하더라도 제가 잘해서 그런 건 아니라서 진짜 조심스러워요. 그런데 최근에 누가 저한테 보내준 말이 있어요. '다

른 부분은 보완할 수 있다. 그러나 실행력 만큼은 특별한 재능이다.'라는 글귀가 있더라구요.

저도 공감을 해요. 직원분이 저의 칭찬을 해주셨는데 피드백 수용도와 실행력과 개선이 빨라서 보람이 있다. 그거 아닐까요? 잘 모르겠 어요, 저도. 그런데 저의 핵심은 운이에요 운. 좋은 사람들이 같이 도와줄 수 있게 한 운. 한양대 의대를 갔기 때문에,

> 실행력. 그래, 그게 진짜 좋아 보이시긴 했다. 그리고 '운'. 앞에서도 계속 운이 좋았다라는 말을 많이 하셨다. 사실 나는 운이 좋아야 성공한다는 말이 억울하게 느껴졌다. 아무리 노력해도 운이 안 따르면 어렵다는 말처럼 들렸기 때문이다. 운이 정말 그렇게까지 중요한 건가?

나: 그럼 본인 상황에서 운을 많이 찾으신 거네요?

C: 어, 운이 왔을 때… 잠깐만요, 제 인스타에 쓴 글 중에 그게 있어요. '상상할 수 있는 두려움 때문에 상상할 수 있는 소중한 기회들을 놓치지 말아요, 우리.' 제일 친한 친구가 저한테 해준 말이에요. 우리가 꿈꿔서 이뤄낼 수 있는 게 굉장히 많잖아요. 사회도 바꿀 수 있고. 운은 누구에게나 언젠간 찾아오지 않을까요. 평생에 세 번 찾아온다고 하더라구요. 근데 그걸 우리가 인지할 수 있도록 준비하는 게 필요한 것 같아요. 그리

고 그렇게 찾아온 운에 대해서, 그리고 그것을 준비할 수 있도록 도와준 주변에 대해서 항상 감사함을 가져야겠죠.

어떤 상황에서든 운을 찾아내는 삶의 태도가 눈에 띄었다. 두려움 때문에 기회를 놓치지 말 것. 기회가 왔을 때 준비가 되어있도록 할 것. 인터뷰를 하면서 많은 깨달음을 얻고 돌아왔다. 인터뷰를 끝내고 스타트업에 관심이 있다고 말씀을 드렸더니, 눈을 반짝이면서 몇 가지 조언을 해주셨다. 먼저 다른 사람 말에 휩쓸리지 말 것. 특히 이러 이런 건 안 된다, 이런 말을 너무 믿지는 말 것. 팀원이 정말 중요하고 대회를 많이 나가볼 것. 도움을 주고 싶어 하시는 마음이 느껴졌고 회사용 머그컵도 주셔서 감사함을 느끼며 돌아왔다.

세상을 바꿀 수 있다

C와의 인터뷰는 충격의 연속이었다. 자신이 원하는 바를 정하고 그 걸 추진해나가는 자신감. 그것에 불가능도 한계도 정해두지 않는 모습.

영어 못하는데 직접 미국 회사를 찾아가서 알아본다고? 부끄러워서 진짜 못할 거 같은데. 법을 바꾼다고? 내가? 세계 3대 디자인? 내가? 라고 생각하고 시도해보지 못했을 것이다. 생각해보면 시도해본다고 해서 어떻게 되는 것도 아닌데 말이다. 대학교에 들어가 다른 전공의 수업을 들어보고 싶다는 생각이 들었을 때도 제도상 안 되길래 그냥 관두었다. 학장님을 찾아가 설득하는 건 상상도 못 했다. 특별한 일을 해볼까 생각이 들어도 다른 사람 시선이 무서워서 움츠러들게 된다.

편의점 지켜보는 일도 그렇다. 다른 사람의 눈을 의식한다면 정말 하기 힘든 일이다. 별난 짓이고 이상한 사람처럼 보일지도 모르니까.

이 책을 쓰는 과정에서도 그런 걸 느꼈다. 인터뷰해달라는 메시지를 보내는 게 정말 어렵고 떨렸다. 처음에는 익숙하지 않아서 그런가 했는데. 3, 4번째 보낼 때도 떨렸다. 그 이유를 천천히 생각해봤다. 남들이 잘하지 않는 행동이기 때문이었다. 특이한 행동이니까 내가 이런 행동을 한다는 걸 알렸을 때 다른 사람들이 어떻게 생각할지가 두려웠다.

사실 그런 두려움을 느끼는 게 정상이기는 하다. 집단 내에서 튀지 않는 게 생존에 유리하고, 이에 대한 두려움이 진화를 거치며 생겨났기 때문이다. 거기에 교육을 받으며 더더욱 특이한 행동에 대한 거부감을 갖게 된다. 이 두려움이 단지 우리 뇌에 학습된 실체 없는 감정이라는 걸 깨닫고 한계를 짓지 않는 태도가 필요하다.

세상을 바꾼 사람들의 공통점 또한 불가능함을 생각하지 않는 태도였다. 나도 세상을 바꾸고 싶다고 생각한 적이 있었다. 고등학교 1학년 사회 시간에 자신의 꿈을 적어보는 시간이 있었다. 나는 더 좋은 세상을 만들고 싶다고 적었다. 하지만 내가 그런 일을 한다는 건 불가능할 거라고 생각했다. 그 생각에 변화가 찾아왔다.

내가 하고 싶었던 수많은 일들이 떠올랐다. 평소 해결하고 싶었던 세상의 문제들이 많았다. 먼저 내가 경험했던 고통이 있다. 사교육의 문제점을 느꼈다. 학원에서는 비교를 통해 학부모의 불안을 유발하고 과도하게 학원 수업을 많이 듣게 한다. 나도 그렇게 필요하지 않은 수업을 들은 경우가 많다. 과외를 하면서도 학생들이 자신의 수준에 맞지 않는 수업을 듣는 모습을 많이 보았다. 이런 과도한 사교육의 이용을 바로잡아줄 사람이 필요하다고 느꼈다.

대학에 온 이후로는 현대사회에서 인간관계에 어려움을 느끼는 사람이 많다는 걸 깨달았다. 관계에 대해 알려주는 교육과정이나 쉽게 상담을 해주는 사람의 필요성을 느꼈다. 성격이 잘 맞는 사람끼리 매칭해주는 시스템이 있다면 참 좋을 것 같다는 생각을 하고는 했다.

평소 아동학대 기사를 보면서 큰 분노를 느꼈다. 내가 이걸 바꿀 수도 있다는 생각을 하니 몇 가지 해결방법이 떠올랐다. 가정에 암호화된 음성인식기를 보급해 아동학대 가능성을 탐지하는 방법 등의 여러 아이디어가 생겨났다.

부모님을 보면서 부모님이 제2의 인생을 살았으면 좋겠다는 마음이 들었다. 지금까지 가정을 위해 살아왔으니 이제는 새로운 취미와 공동체를 찾으면 더 행복한 삶을 살 수 있겠다는 상상을 했다.

이런 간단한 아이디어들이 기업이 되고 세상을 바꿀 수 있다는 걸 알게 되었다. 우리의 삶을 획기적으로 바꿔놓은 페이스북의 시작도 위대하지 않았다. 온라인에서 친구들의 정보를 잘 알 수 있는 사이트가 있으면 좋겠다는 생각이었고, 그 결과물은 시대의 생활 패턴과 문화를 뒤바꿔 놓았다.

스타트업을 통해 세상을 디자인하고 세상에 풍요를 가져다줄 수 있다. 내가 원하는 대로 뭐든 할 수 있다.

한계를 깨뜨리고 세상을 바꿀 수 있다는 자신감을 갖자.

운의 힘을 갖는 법

성공한 비결을 여쭤봤을 때 운 덕분이라고 답하신 게 인상적이었다.
아, 이럴 수가. 사실 나는 '운 덕분'이라는 말을 별로 좋아하지 않는다.
솔직히 잘난 게 있으니까 잘 된 거지. 디자인 감각도 있고, 머리도 되
니까 코딩도 배워서 회사 일을 하고. 집중력이 있으니까 며칠 밤을 새
며 공부할 수도 있는 거지.

그래도 그 수많은 사람들이 운이 좋았다는 말을 하는 걸 보면, 그렇
게 생각하는 마인드가 중요하긴 하고 배울 점이 있다고 봤다. 도대체
뭘까 곰곰이 생각하다, 나만의 답을 찾았다.

'운이 중요하다'는 마인드는 다름 아닌 마음의 평정을 유지하게 해준

다. 우리의 인생에는 계속 좋은 일과 나쁜 일이 반복된다. 그럴 때마다 일희일비하지 않고 상황을 겸허하게 받아들일 수 있는 힘이 필요하다. 좋은 일이 생기면 전부 다 내가 잘한 게 아니라, 주변의 상황이 뒷받침되었음을 떠올리며 겸손한 태도, 초연한 태도를 갖게 된다. 일이 잘 안되고 있을 때는 본인을 자책하기보다는 '아직 운이 오지 않아서'라는 생각이 도움이 된다. 열심히 노력하는데도 뭔가 잘 안 풀리고 성과가 나오지 않으면 포기하고 싶어진다. 내가 부족한 거 아닐까, 이 일은 할 수 없는 거지 않을까라는 생각이 들 때가 온다. 그럴 때 '아직 운이 오지 않았을 뿐이야'라고 생각한다면, 힘을 내서 계속 노력을 할 수 있다.

C도 그랬던 것 아닐까. 회사에 돈이 다 떨어져서 본인의 돈을 몇만 원씩 넣으면서 버틸 때. 아무리 자신감이 많은 사람이어도 정말 힘들었을 거야. 뭔가 이건 안 되는 일 아닌가 싶을 때, '나는 운이 좋은 사람이니까 곧 운이 와서 나를 도와줄 거야'라고 생각한다면. 그렇게 지속적으로 꾸준히 무언가를 한다면. 언젠가 좋은 기회가 한 번쯤은 올 수밖에 없다. C의 경우는 돈이 바닥이 나고 얼마 지나지 않아 큰 투자를 받게 되어서 회사의 재정 걱정을 하지 않아도 되었다.

포기하지 않고 꾸준히 노력하면 운은 찾아오고 성취를 얻어낼 수 있다. 그렇게 좋은 일이 일어났을 때 내가 잘해서 그런 거야 라고 자만하지 않고, 평정심을 유지하며 계속 노력하는 자세를 갖는다. 그렇게 좋은 상황, 나쁜 상황이 반복되는 외부의 환경을 견뎌낼 수 있게 된다. 그게 '운이 좋았다'의 비결이다.

거기에 나는 운이 좋은 사람이다라고 생각한다면 항상 감사의 태도를 가질 수 있다. 별거 아닌 거에도 운이 좋았다라는 생각을 하게 되는 것이다. 나는 운이 좋은 사람이라고 생각하며 다니다 보면, 지하철에서 우연히 내 앞에 자리가 났을 때도 '오, 운이 좋았다'는 생각이 든다. 평소에 계속 친했던 친구를 만날 때도 말이 잘 통한다는 친구가 곁에 있다는 사실에 난 운이 좋네, 라고 생각을 하게 된다. 더 많은 순간에 감사하게 되고, 세상을 긍정적으로 보게 되는 힘이 생긴다.

처음에 운에 대해 갖고 있던 생각. 그럼 태생적으로 운이 나쁜 사람은 성공을 못 하는 거야? 라는 생각에 운이 좋아서 성공했다는 말을 믿지 않았다. 그런데 사실 운이 더 좋고 운이 더 나쁘고 그런 사람은 없다. 운의 기회는 모두에게 동등하게 부여된다. 세상을 살아가면서 운으로 작용할 수 있는 요소는 정말 많기 때문에 그걸 다 합치면 전체적인 운은 비슷할 수밖에 없다. 주사위를 1000번 굴리면 각 숫자가 나올 확률이 모두 거의 같아지는 것처럼 말이다.

다만 스스로 운이 좋다고 생각하는 사람과 운이 없다고 생각하는 사람만이 존재할 뿐이다. 운이 좋다고 생각하는 사람은 나에게 일어난 좋은 일에 집중하며 그런 일을 찾아 나간다. 좋은 사람들을 곁에 두려하고 긍정적인 기회에 끌린다. 운이 없다고 생각하면, 내가 한 노력들에 엄청난 자부심을 느끼며 자꾸 더 힘든 상황에 가서 이겨내려고 한다.

방법은 나에겐 운이 따라올 거라 믿고 꾸준히 자신의 할 일을 열심히 하는 것이다. 준비와 노력을 하다 보면 당연히 맞는 타이밍이 생긴다. 운을 믿고 끝까지 노력하는 게 중요하다. 그리고 평소에 운이 좋은 순간을 많이 느끼고 감사하게 살아가야 한다. 이게 왜 잘 되는 사람들은 성공의 이유를 운으로 꼽는지의 답이라고 생각한다.

운이 좋아지는 환경을 만들고 나는 운이 좋은 사람이라 믿으며, 찾아올 운을 위해 꾸준히 준비해야 한다.

이타적인 동기

또 눈에 띄었던 점이 C가 행동하는 강력한 동기가 다른 사람을 돕고 싶다는 마음에서 나왔다는 것이다. 평소 내가 느꼈던 바와 일치했다. 이타적 동기가 가지고 있는 힘은 매우 크다. 성공하고 싶다면 이타적 동기를 가져야 한다. 이타적 동기는 사람들을 설득시킬 수 있고, 자신도 기분 좋은 삶을 지낼 수 있다. 결국 성공적이고 행복한 삶을 사는 데에 도움이 된다.

C는 사업을 진행하는 과정에서 많은 사람들을 설득해나가야 했다. 배민의 배송을 맡고 있는 라스트 마일의 대표를 설득할 수 있었던 이

유는 사회에 이로운 가치를 제공할 수 있다는 점을 제시했기 때문이었다. 상대방이 자신의 사리사욕을 채우기 위한 부탁을 한다면 당연히 도와주고 싶은 마음이 생길 리 없다. 부탁을 들어줘서 나는 얻는 게 없고 상대방만 이익을 챙기게 된다면 말이다. 그렇지만 부탁의 동기가 이타성에 있다면 자신 또한 좋은 역할을 할 수 있다는 점에서 부탁을 들어주고 싶은 마음이 생긴다. 내가 C에게 인터뷰 부탁을 드리고 승낙을 받을 수 있었던 이유도 이타적 동기를 내세웠기 때문이다. 실제로 만나서 대화를 했을 때 인터뷰를 해서 다른 학생들이 새로운 길을 알게 되고 용기를 가질 수 있겠다는 생각이 들어 승낙했다고 하셨다.

이타성의 장점은 여러 방면으로 증명이 되었다. 사회의 여러 직군에서 가장 높은 성취를 얻는 사람을 조사한 결과 그들은 모두 '기버(giver)', 주는 사람들이었다. 순수하게 다른 사람을 돕고 싶다는 마음을 갖고 때로 자신을 희생하는 사람들은 주위의 지지를 받으며 성공에 가까워진다. 그리고 이타적인 사람들은 같은 사람끼리 모인다. 서로서로 도움을 주고받을 수 있는 공동체가 만들어진다. 무엇보다 스스로의 행복도가 높다. 뇌과학 연구에 따르면 다른 사람들과의 좋은 관계를 추구하는 사람들이 우울증에 걸리는 비율이 낮다. 자신만의 이익을 좇는 사람들 중 행복하고 만족스러운 삶을 사는 경우는 드물다. 이타적 동기를 가져야 오래 목표를 유지할 수 있다. 그 목표 자체만으로도 행복을 얻게 되기 때문이다. 이 에너지는 끊임없이 재충전 될 수 있다.

단, 진심이 담겨있어야 한다. 누구나 마음속에 이타적인 마음을 조금씩이라고 갖고 있다. 사람들은 자주 이기적 인간, 이타적 인간을 구분 짓지만 중간 스펙트럼에 해당하는 사람이 대부분일 것이다. 누구나 이기성과 이타성을 둘 다 갖고 있다. 자신의 마음속에 있는 어떠한 이타적인 동기를 잘 개발해야 한다. 동정심과 사랑을 기반으로 이타적 마음이 들었던 순간을 떠올려보자. 그냥 다른 사람이 행복한 게 좋다는 느낌. 그 느낌을 잘 기억해서 목표로 삼는다면 성공과 행복에 가까워질 수 있다.

미래를 주도하기

C는 미래를 바라보며 행동하고 있었다. 리포트 보면서 2년 후에 비대면 진료 열릴 거라고 예상하고 나름의 준비를 하고 있었다. 비록 코로나라는 아무도 예상하지 못한 일이 일어났고, 그 때문에 비대면 진료가 열리기는 했다. 어쨌든 결과적으로는 2년 내에 비대면 진료가 열릴 거라는 예상이 맞았고, 미래를 준비하고 있어서 기회를 잡을 수 있었다.

미래를 바라보고 행동하기. 내가 잊고 있었던 일이다. 미래에 대해 전혀 생각해보고 있지 않았다. 초등학생 때 과학의 날에 미래 도시 모습 그려내라고 한 게 마지막이지 싶다. 정말 중요한 건데 말이다. 원격 의료 상용화되고 있는 사실을 몰랐던 게 정말 충격이었다. 의대생인데 그걸 몰랐다니. 충격을 받고 다시 미래에 대해 생각하기 시작했다.

항상 그랬듯 책을 찾아 읽고 유튜브로 미래학자의 이야기를 들어보았다. 미래 상상하는 건 생각보다 어렵지 않았다. 질문을 던져보면 된다. 10년 뒤에 주방은 어떻게 생겼을까? 사무실은 어떻게 생겼을까? TV는 어떻게 변할까? 책 보면 전문가들의 미래에 대한 예상이 구체적으로 나와 있다. 화폐가 어떻게 변하고, 기업의 형태 어떻게 되고, 직업의 트렌드가 어떻게 되고, 생활이 어떤 식으로 변하고 등등이 설명되어 있다. 이런 설명을 보다 보니 자연스럽게 나만의 의견도 생겨났다.

기술의 발전으로 미래에는 기본 생활비가 월 30만 원 이하로 떨어질 거라는 이야기가 있었다. 그렇게 된다면 제2의 르네상스가 올 거라는 생각을 했다. 철학과 예술이 발달하고 자아실현이 중요해지고, 특히 정신건강이 정말 중요해질 거다. 뭐 이런 생각이 들었다. 말이 될 수도 있고 안 될 수도 있다. 전문가들이 예전에 쓴 책을 보니까 맞지 않는 부분이 더 많았다. 그렇지만 그중에 맞는 예측도 있어서 신기했다. 어찌 되었든 미래에 대한 인식을 갖고 준비를 한다는 게 중요하다.

간단한 예로 유튜브가 있다. 일찍 시작한 사람들은 경쟁이 심하지 않은 상태에서 많은 이익을 얻었다. 시대의 흐름을 잘 타야 나의 노력이 빛을 볼 수 있다. 쫓아가기만 하면 노력 대비 성과를 얻지 못한다. 성공한 스타트업이 되기 위해서는 앞으로 일어날 산업에서 미리 준비하고 있어서 폭발적 성장을 가져와야 한다. 그렇게 한 걸음 앞서서 준비를 하고 미래를 주도하는 것이다. 어느 분야를 전공하고 일을 하든 끊임없이 세상에 관심을 갖고 기회를 찾아내야 한다.

세상에 대한 인식이 완전히 달라졌음을 느꼈다. 더 이상 불투명한 미래에 불안해하거나 불가능하다는 생각에 괴롭지 않다. 나는 어떤 일이든 할 수 있다. 미래를 바라보며 인류의 문제를 생각하고 전 지구적 문제를 풀고 싶다. 다가올 미래를 주도하고 더 좋은 세상을 만들 것이다.

05 나다운 인생을 사는 태도

D와의 인터뷰
interview

#서울대는_자퇴 #그냥_고졸로_살기

#프리랜서 #저자

#미래를_향한_배움

#나만의_관점과_가치관

#나를_위한_삶

우리를 얽매는 틀

C와의 인터뷰는 놀라운 시간이었다. 불가능함을 생각하지 않고 남의 눈치 보지 않고 행동하는 모습이 놀라웠다. 나를 포함한 보통의 사람들은 왜 도전하고 실행하기가 힘든 걸까 고민을 하다가 내가 살아온 환경에 대해서 생각을 해보았다. 한국의 교육 환경. 눈치 보고 평범하게 살게 되는 순간들. 때마침 관련된 유튜브 영상들을 보게 되었다. 불행한 한국의 청소년들. 눈에 띄지 않고 무던한 게 최상으로 여겨지는 교실. 공부만 하다가 대학을 졸업해도 취업이 안 되는 현실. 스펙을 쌓느라 뒷전이 된 행복.

주위 친구들의 모습도 교차되어 떠올랐다. 같이 의대를 다는 친구

중 한 명은 행복했던 기억이 없다고 말했다. 어렸을 때부터 학교, 학원만 왔다 갔다 공부만 하며 원하는 대로 산 경험이 없다고 했다. 오랜만에 만난 한 중학교 친구는 자신의 진로 이야기를 하면서 울음을 보였다. 자기가 다니고 있는 학교의 직업을 절대 하고 싶지 않지만 가족들을 위해 안정적인 직업을 택했다고. 친구들. 수, 과학에 뛰어난 재능을 갖고 최고의 공대, 자연대에 갔지만 꺾여버린 꿈. 그리고 어떻게 살아야 할지 모르는 막막한 현실에 절망했던 나.

우리가 받은 교육의 문제점이 떠올랐다. 가장 큰 문제는 학벌이 목표가 되었다는 점이다. 그래서 개인이 존중되기보다는 주입식 교육을 받으며 개성이 깎여진다. 성적에 의해 자존감이 흔들리고 학력으로 서열화가 이루어진다. 주위의 눈치를 보고 모두가 좋다고 하는 방향을 따라가게 된다. 하지만 인터뷰를 하고 여러 정보를 접하며 깨달았다. 세상은 바뀌고 있고 기회는 많다. 더 이상 틀에 갇히지 말고 바뀌어야 한다.

학력 위주의 사회를 극복한 사람은 없을까 궁금증이 들었다. 찾아보니 있었다. 의대에 합격했는데 가지 않고 서울대를 갔다가 자퇴를 하신 D. 다른 대학교에 가려고 자퇴한 게 아니라 그냥 고졸로 살기로 결심하셨다고 했다. 충격. 수험생 커뮤니티에서 학생들을 위한 글을 올리며 영어 듣기평가 쪽으로 일을 하고 계셨다. 영어 듣기를 위한 책도 내시고 오디오 서비스를 운영하면서 학생들의 고민을 해결해주시고 있었다.

와, 궁금한데. 신기하다. 사람들이 다 바라는 의대, 서울대를 버리고 고졸로 살아가다니. 이런 삶은 어떻게 사는 건가. 나도 이해가 잘 안 갔다. 대학에 뜻이 없던 것도 아니라 서울대 가는 게 중학생 때부터 꿈이었고, 서울대에 가려고 재수까지 하셨는데. 굳이 자퇴를? 그냥 졸업은 하면 되잖아.

묻고 싶은 게 많았다. 남과 다른 길을 가는 데 필요한 이야기를 들을 수 있을 거라는 생각이 들었다. 연락 수단을 찾아 연락을 드렸는데, 반응이 감동이었다.

우선, 이렇게 정성스럽게 연락을 주셔서 오히려 제가 감사하다는 말씀을 드리고 싶고, 남들이 잘 하지 않는 경험을 하고 계신 것에 대해 축하(?)의 말씀 또한 드립니다. ㅎㅎ

책의 방향성 및 내용을 짧게 설명을 들었지만, 분명 독자들에게 울림을 줄 수 있는, 또 점점 변화해가는 우리 사회에 신선한 충격을 줄 수 있는 책이 될 것 같다는 생각이 드네요.

히히. 좋은 기회를 주셔서 감사하다며 오히려 기뻐하셨다. 그래서 나도 기뻤다. 게다가 책에 대해 긍정적인 평가도 해주셔서 너무 감사했다.

자퇴의 이유, 그간의 경험에 대해서 여쭤보았다. 내가 고민했던 지점인 학벌의 의미에 대해서도 이야기를 했다. 자퇴라는 게 진짜 진짜 힘든 일이라는 걸 알기 때문에 궁금했다. 서울대에 가기 위해 수많은 시간을 노력했을 텐데, 그걸 버린다는 건 진짜 어려운 일이었을 것이다. 다른 사람들 시선이나 관계도 그렇고 달라지는 점이 많기 때문이다. D와 인터뷰를 하며 우리를 얽매는 틀에서 벗어나 나다운 인생을 사는 법에 대한 지혜를 얻을 수 있었다.

인터뷰

자퇴의 이유

첫 질문은 일단 왜 자퇴를 하게 된 건지 여쭤봤다. 제일 궁금한
점이었다.

나: 자퇴는 어떤 이유로 하게 되셨나요?

C: 어떤 계기가 있어서 자퇴해야겠다는 생각이 든 건 아니었어요. 사실 직
   감적으로 어느 정도 알고 있었거든요. 제가 결국 자퇴하게 될 것이라고.
   서울대라는 목표를 향해 달려가는 순간순간마다 '난 뭘 해야 하지?'라는

생각을 했기에 어렴풋이나마 알 수 있었어요. 학교를 다니는 것에 큰 의미를 느끼지 못했거든요.

나: 원하던 서울대에 다니게 되었는 데 의미를 느끼지 못했다구요? 이유가 뭔가요?

D: 제가 20살까지 서울대만 바라보며 살았어요. 이후의 삶에 대한 계획이 없었죠. 서울대에 입학하면서 일단 목표를 이뤘는데, 그 다음엔 뭘 해야 될지 모르겠더라구요. 예전부터 하고 싶은 일이 명확하지 않은 저 자신에 대한 원망을 갖고 있기도 했어요.

저는 고등학교 내내 제가 어떤 일을 해야 할지 고민을 많이 했어요. 그 흔적은 제 고등학교 생활기록부에 남아 있어요. 제 생활기록부를 보면 1, 2, 3학년 장래희망이 전부 다 달라요. 1학년 때는 건축가였다가, 2학년 때는 원자력 관련 연구원이었어요. 그리고 3학년 때는 결국 특정 직업이 아닌 문·이과 융합직이라는 애매한 직업이 적혀 있고요. 고등학교 생활을 하는 내내 갈팡질팡하고 있었던 거죠. 그래서 대학이 아닌 자신의 미래 직업을 확실히 정한 친구들이 많이 부러웠어요. 의사가 되겠다, 변호사가 되겠다, 생명공학 연구원이 되겠다 등등 자신의 미래에 대한 확실한 청사진이 있는 것 같아서 너무 부러웠어요. 그런 친구들을 보면서 '나는 왜 이럴까'라는 생각을 정말 많이 했거든요. 심지어 재수할 때도 마찬가지였어요.

그래서 목표하던 서울대에 왔는데, 내가 뭘 해야 할지도 모르겠고 학교를
왜 다녀야 하는지도 모르겠더라구요.

나: 와, 저랑 진짜 비슷하셨네요.

D: 그 때문에 먼저 1학년 1학기에 휴학을 하게 되었어요. 사실 자퇴를 하려
고 했는데, 일단은 휴학하는 것으로 결정했어요. 부모님께는 죄송하지만,
저의 독단적인 결정이었어요. 1학기 휴학 신청 마지막 날에 전화 드리고
통보를 했죠. 아직도 그때 생각을 하면 너무 죄송한 마음이 들어요.

> 맞아, 나도 그랬지. 진로를 잘 모른 채로 대학만 좇아서 공부했다.
> 그렇게 대학을 왔는데 앞으로의 미래가 그려지지 않아서 답답했다.

나: 그럼 휴학을 하고 어떤 일들을 하셨나요?

D: 일단 놀았어요. 놀고 또 놀았죠. 정말 재미있게 놀았어요. 남들보다 더
치열하게 살아온 저 자신을 행복하게 해주고 싶은 보상심리가 작동했거
든요. 재수를 같이했던 친구들, 동기들, 저보다 먼저 대학에 들어간 중고
등학교 동창들을 다 만나면서 신나게 놀았어요. 그렇다고 마냥 놀기만 하
지는 않았죠. 과외도 하고, 밴드부에 들어가서 밴드 공연도 하고, 또 수
험생 입시 커뮤니티에 제 수험 생활을 담은 글을 써서 올리기도 했죠. 그
게 지금의 삶까지 이어질 줄은 그 당시에 전혀 몰랐지만요. 그리고 솔직

하게, 학과 공부는 거의 뒷전이었어요. 놀고 싶은 마음이 크기도 했지만 제 머릿속에는 '그래서 나는 뭘 해야 하지?'라는 생각이 계속 맴돌았거든요. 그래서 학과 공부에는 큰 의미를 느끼지 못했고, 비슷한 생각을 가진 동기 2명이 있어서 관련해서 진지한 이야기를 많이 나누기도 했어요.

무엇보다도 대학을 다니는 것에 의미를 느끼지 못하는 데도 그렇게 무의미하게 보내는 시간이 정말 아까웠어요. 그래서 자퇴를 하기 위한 가능성을 찾으려 많은 행동을 하게 돼요.

나: 어떤 일이었나요?

D: 2학기 때 복학을 하고 1년 동안 학교를 다녔어요. 정신을 차리고 학과 생활을 하는 건 불가능했고, 여전히 다양한 경험을 하고 다녔어요.

저의 미래에 대해 고민하는 것도 멈추지 않았고, 먹고 살기 위해 열심히 일도 했답니다. 다양한 경험을 하는 동안 제가 어떤 걸 하고 싶은지 알게 되었어요. 요리사, 건축가, 과학자, 문·이과 융합직. 이렇게 제가 갈팡질팡하며 고민했던 직업들이 다 새로운 것을 만들어내는 것과 관련이 있다는 것을 깨달았어요. 새로운 것을 만들고 싶다는 욕망을 '직업'이라는 사회적 분류에 집어넣어야 한다는 강박과 같은 집착이 저 자신을 괴롭히고 있다는 생각을 했죠. 그런 집착에서 자유로워지기를 선택했어요. 그 이후로 저는 '취직은 절대 안 해야지'라는 결심을 갖게 되었구요. 저만의 어떤 것을 만들어가는 일을 하고 싶으니까요. 물론 어떤 시스템 안에 속해서 그런 일을 할 수도 있겠지만 저는 완전히 새로운 어떤 것을 만들고 싶었어요. 취직을 하는 것은 제 성향에 맞지 않는다고 생각했죠. 그래서 대학교를 다니고, 졸업해서 학벌이 있어야 한다는 생각이 더 없어지게 되었어요.

이미 정해져 있는 시스템에 속하기보다는 새로운 어떤 걸 만들고 싶은 욕망이 크셨구나. 그리고 그건 특정 '직업'으로 규정할 수 없다. D는 그걸 깨닫고 취업을 하고 싶지 않다고 판단해 학벌에 더욱 무의미함을 느꼈다. 그래서 그다음에는 어떤 행동을 하셨을까?

D: 그렇게 1년의 시간을 보내고 나라의 부름을 받아 군대에 입대하게 되죠. 군대에 입대하면서 스스로에게 과제를 주었어요. 바로 '자퇴'를 결정하는 것이었죠. 자퇴하지 말아야 하는 이유는 정말로 많았어요. 한국 사회에서 학력은 아주 중요하게 작용하니까요. 사회 인식도 문제이지만 저에게 더 중요했던건 '배움'이었어요. 비록 대학 입학 후 제대로 공부를 하지는 않았지만 새로운 것을 접하고 경험하고 배우는 걸 좋아하는 저에게는 서울대라는 인프라가 아주 배움에 적합한 곳이었죠. 대단한 교수님, 뛰어난 선후배, 멋진 동기와 친구들도 있었구요. 결국 제가 자퇴를 하면서 잃게 될 가장 큰 것은 '배움'이라고 결론을 지었어요. 자퇴하면서 얻게 될

가장 큰 것은 '시간'이라는 결론은 예전부터 이미 내렸어요. 즉, 저는 '배움'과 '시간' 사이에서 선택해야 하는 것이었는데 시간이라는 건 제가 어떻게 할 수가 없잖아요? 그래서 배움에 대한 고민을 정말 많이 했어요. 그런데 잘 생각해보니 꼭 대학 강의를 통해서 배울 필요가 없는 거예요. 유명하신 교수님들은 책을 집필하시기도 했고, 강연도 많이 하시니 제가 마음만 먹는다면 독서와 강연을 통해서도 충분히 배움을 이어나갈 수 있다는 생각이 들었어요.

나: 그렇죠. 대학에 다니면 아무래도 원하지 않는 강의도 들어야 하고 시험도 보면서 시간이 뺏기니까요. 아깝게 느껴지는 시간이 있더라구요. 요즘은 정말 말씀하셨듯이 다른 방법으로 배울 수 있는 방법이 많죠. 군대에 들어가 자퇴를 결정하기로 하셨다니. 어떻게 결정을 하셨나요?

D: 독서를 통해 결정을 하기로 마음 먹었어요. 그런데 문제는 제가 대학 입학 이후 2년 동안 제대로 된 독서를 해 본 적이 없었다는 거였어요. 우리나라 대학교 중 제일 많은 책을 보유하고 있는 학교에 다니면서 저는 책을 딱 한 번 빌려봤어요. 근데 어이없게도 그 책은 '고기 백과사전'이었어요.

나: 고기 백과사전이요? 정말 특이하시네요.

D: 그렇죠? 하하. 아무튼 저는 그 당시 책을 읽지 않는 사람이었어요. 어릴 땐 책을 많이 읽었는데 한국에서 수험생활을 하다 보니 책을 읽을

여유가 거의 없었고, 읽더라도 자기소개서의 분량을 채우기 위한 목적일 뿐이었죠. 그래서 입대 전에 큰 결심을 합니다.

'군대에 들어가서 책을 100권 읽고 나오면 나에게 자퇴할 수 있는 자격을 주겠다.'

제가 군 생활을 총 23개월을 했는데 23개월이 100주 정도가 돼요.

그러면 단순 계산만으로도 1주에 1권을 읽어야 하는 것이었죠. 입대 전 1년 반 동안 책을 한 권 읽을까 말까 했던 저로서는 상상도 하지 못할 정도의 독서량이죠. 결국에는 제가 그 안에서 150권을 읽고 나왔어요. 물론 만화책 이런 건 아니었죠. 절대 쉽지 않았지만 저 자신과의 싸움을 이겨낸 거죠. 그런 저에게 저는 자퇴라는, 그리고 시간이라는 선물을 해줄 수 있게 되었어요. 당연히 배움에 관한 걱정은 사라졌구요. 군대에서 독서의 즐거움에 눈을 뜨게 되어 지금까지도 꾸준히 책을 읽고 있어요.

나: 와, 책을 그렇게 갑자기 읽는 거 어려운 일인데 대단하시네요.

D: 감사해요. 책을 읽는 게 힘들기는 했지만 진정한 배움에 대해 알게 되었어요.

시력, 청력, 근력, 실력, 매력, 지구력, 통찰력. 이 단어들에 공통적으로 들어가 있는 '력'이라는 글자는 힘 력(力)자를 써요. 그런데 우리가 흔히 말하는 학력의 한자를 살펴보면 지날 력(歷)자를 써요. 역사(History)할 때 역이 이 지날 력(歷)자를 쓰죠. 우리가 학생 때 갈망했던 그 학력은 결국 '지나간 배움'을 뜻하는 단어라는 거죠.

저는 비록 서울대를 자퇴하면서, 결국 지나간 배움을 뜻하게 될 학력
(學歷)은 잃게 되었지만 그 과정에서 미래를 향한 배움을 뜻하는 학
력(學力)을 얻을 수 있었어요. 이 학력이 선택의 갈림길에서 있었을
때 제가 옳다고 생각하는 방향으로 과감하게 나아갈 수 있게 해주었
구요.

> 와, 지나간 배움보다는 미래를 향한 배움을 택한다. 이상적으로는 맞
> 는 말인데. 자신의 신념을 믿고 실행하는 게 진짜 대단하신데?

그 후의 미래

> 그래도 그렇지 미래에 대한 걱정이 없으셨나? 수입은 어떻게 얻고
> 계실까? 자퇴하면 걱정되는 게 수입이 안정적인 게 다 사라지는
> 거니까…. 수입과 앞으로의 계획에 대해서 여쭤봤다.

D: 수입의 경우에는 현재 세 영역에서 발생하고 있어요. 집필한 책으로부터
의 인세, 프로젝트 형식의 외주 작업, 투자. 이렇게요.

이 세 가지 중 첫 번째와 세 번째로부터 오는 수입은 현재의 제가 저에게 벌어다 주는 수입이 아니에요. 과거의 제가 어떤 행위나 판단을 했고, 그 행위와 판단이 현재의 저에게 지속적으로 수입을 가져다주는 것이죠. 이 수입은 저의 현재 시간과 전혀 무관하게 발생하기 때문에 시간에 구애받지 않아요. 그리고 제가 현재 시간을 살아가면서 생길 수밖에 없는 불확실성을 상쇄시켜주기도 하죠. 반면에 두 번째로부터 오는 수입은 저의 현재의 시간을 들여야 해요. 현재는 실시간으로 과거가 되어버리기 때문에, 현재라는 시간의 가치는 늘어나는 데 한계가 있어요. 저라는 사람의 시급이 100만 원이 되기는 정말 어렵죠.

나: 그렇죠. 시간을 교환해 얻는 수입에는 한계가 있죠.

D: 네 맞아요. 하지만, 인세나 투자로부터 발생하는 수입은 저의 과거의 가치가 계속해서 불어나는 형태이기 때문에 시간이라는 한계로부터 자유로울 수 있어요. 그리고 이러한 수입이 늘어날수록 저는 현재의 더 많은 불확실성에 도전할 수 있게 되고, 현재에 제가 정말 하고 싶은, 그리고 또 의미 있다고 생각하는 일을 골라서 할 수 있게 되는 거죠. 즉, 제가 현재 하는 일 전부가 즐거운 일이고 행복한 일이에요. 제가 스스로 선택했으니까요. 이렇게 되면 돈을 적게 받더라도 의미 있는 일을 할 수 있어요. 그리고 결국 당장에 돈이 안 되는 것처럼 보이는 그 일이 또다시 과거에 고정이 되고, 그 가치가 불어나서 저의 다가올 현재에 수입을 가져다주는

선순환이 일어나는 것이죠.

물론 이런 순환 구조를 구축하는 게 쉽지는 않았어요. 출판 첫해 인세가 70만 원이었거든요. 1달에 70만 원이 아니라요. 그다음 해는 정확하지는 않지만 1년 동안 200만 원 정도 되었구요. 2년 동안 270만 원을 벌었지만 그래도 포기하지 않고 6년간 지속했어요. 그렇게 결국 매년 성장하면서 현재까지 오게 된 것이구요.

저에 대한 확신이 있었기에 현재의 나의 시간의 가치가 0으로 수렴하고 있는 상황에서도 견딜 수 있었던 것 같아요. 결국 자기와의 싸움인 거죠.

영어 리스닝에 대한 책을 내셨던데 그 인세가 점점 많이 늘어나서 안정적인 고정수익이 되었구나. 수익선순환 구조를 만들어서 인세, 투자로 현재의 노력 없이도 수익이 발생하게 하는 시스템. 그래서 수입에 대한 불확실성을 줄였다. 이걸 통해서 현재의 시간은 내가 의미 있다고 생각하는 일에 시간을 쏟는다.

이런 방식으로 자신을 믿고 꾸준히 시간을 투자해서 수입을 늘려나가시고 있었다. 현재의 시간은 의미 있는 데에 쓰면서도 계속 수익이 늘어날 수 있는 구조라니. 이거 정말 놀라운데?

나: 말씀하신 대로 학력 없이는 취직도 어렵고 불확실성도 큰데 이런 점은 괜찮으셨나요?

D: 제가 선택한 길은 불확실성이 아주 높아요. 그런데 저는 불확실성이 높다는 말은 가능성이 크다는 말과 같다고 봐요. 적어도 제가 지금껏 불확실성을 추구하며 살아오며 겪은 경험을 토대로 말씀을 드린다면 그래요.

나: 불확실성이 높다는 말은 가능성이 크다는 말과 같다구요…? 왜일까요?

D: 현재의 시간을 제가 정말 의미 있다고 생각하는 일에 쓰고, 정말 즐기면서 하다 보니 자연스럽게 제 현재의 시간의 가치 또한 상승했어요. 그래서 더 많은 기회를 잡을 수 있었죠.

제가 학생들을 위해 돈 한 푼 받지 않고 매년 써왔던 칼럼을 보고, 어느 대기업 산하의 스타트업에서 저를 채용하고 싶다고 연락이 온 적이 있어요. 제가 쓴 글과 그 회사가 하고자 하는 일의 연관점이 거의 없다시피 해서 궁금해서 물어보니 저의 '관점'이 필요하다고 말을 하더라구요. 그렇게 미팅 자리에 나갔는데 결국 제가 생각하는 가치관과 맞지 않는 방향의 일이라 거절했구요.

또, 시간 대비 경제적 효율이 극악인 프로젝트를 몇 년간 지속했는데, 결국 그 프로젝트를 통해서 제가 살면서 크게 돈 걱정 없이 살 수 있는 제안을 받기도 했어요. 그런데 그 제안이 저의 현재 시간의 가치를 돈으로 치환해야 하는 일이어서 거절했구요.

제가 지금껏 노력해왔듯, 현재의 시간을 저를 위해 의미 있게 쓰고 또 행복하게 살아가다 보면, 언젠가 저의 가치관과 맞으며 제가 생각하기에 적합한 방식의 제안이 올 수 있을 거라 믿기 때문에 아쉽진 않아요. 이런 의미에서 불확실성을 안고 살아가는 것이 결국엔 더 많은 기회를 누리며 살수 있다고 말씀을 드린 거였어요.

하고 싶은 일을 하다 보면 돈은 따라온다는 건가!! 오히려 먼저 제안이 오고 그랬네. 가치관에 안 맞거나 현재 시간을 팔아야 하는 일이면 선택을 하지 않는다니. 불확실성을 감당한 대신, 특별한 힘을 갖게 되셨구나.

D: 저는 계속해서 지금처럼 살아가고 싶어요. 나와의 싸움을 통해서 내적, 외적인 성장을 이뤄가고 싶어요. 그리고 그 과정에서 다른 사람들이 성공하는 데 기여를 하면서 죽는 날에 후회 없는 삶을 살고 싶어요. 가까운 미래에는 앞에서 언급한 사회 인식을 바꾸기 위한 시도를 해보려고 계획 중이에요. 분명 힘들 테고 또 결과가 보장된 것이 아니지만, 그래서 해보려구요.

나: 성장하는 삶… 그게 정말 중요한 것 같아요. 저도 죽는 날에 후회 없는 삶을 살고 싶네요.

결과가 보장되지는 않았지만 해본다. 그 일은 결국 나에게 더 많은 가치를 가져다줄 것이다. 불확실성은 높지만 그만큼 큰 가능성을 갖고 있기 때문에. 가능성을 좇아 살아가는 삶의 방식이 새롭게 느껴졌다.

나: 자퇴를 하고 나서 더 이상 학력이라는 안전장치가 없는 것에 대한 두려움은 없으신가요? 주위의 반응과 냉소는 무섭지 않은지 궁금해요.

D: 저는 학력(學歷)은 없지만 학력(學力)이 있기 때문에 전혀 두렵지 않아요. 오히려 이런 특이한 이력을 가지고 있기 때문에 색다른 경험을 하거나 뜻밖의 기회를 만날 수 있다는 점이 좋아요. 이렇게 인터뷰하는 것도 그중 하나겠죠? 흐흐.

주위의 반응과 냉소라.. 주위라고 하면 우선 같은 과 동기들이 있겠죠? 제가 자퇴, 자퇴, 노래를 부르고 다니기도 했고, 이와 관련해서 진지한 대화를 나눈 학생들도 있었기 때문에, 대부분 당연하게 생각하고 있었어요. 제일 기억에 남는 반응이 하나 있었어요. 저에게 부럽다는 말을 한 동기들이 2명 정도 있었거든요. 이 길이 맞는지 확신이 없지만 벗어날 용기도 없고, 이 길을 따라가는 게 제일 안전해 보여서 자퇴라는 건 생각도 못 해 봤다는 말을 하더라구요. 이 말을 듣고 그때 꽤 깊이 생각에 잠겼던 기억이 있네요.

그러네. 부럽다고 했구나. 그럴만하지. 이 길이 맞는지 모르지만 다들 따라가고는 하니까….

D: 반면에 저희 부모님 빼고 주위의 모든 어른들은 전부 같은 말씀을 하셨어요. 아마 이 글을 읽는 모든 분들이 예상할 수 있는 말이겠죠. 아니면 이 생각을 지금 하고 계실 수도 있구요.

'그래도 대학은 졸업해야지.' 다들 이 말을 하시더라구요. 처음에는 이런저런 이유를 말씀 드리는 노력도 했지만 결국에는 원점으로 돌아오게 된다는 것을 깨달았어요. 그러고는 그냥 이미 내린 결정이라 어쩔 수 없다는 말씀만 드렸답니다.

제 인생은 불확실성이 너무 높아요. 그리고 그런 사람들은 쉽게 이야깃거리가 되죠. 부모님께 저에 대해 정말 궁금해서 물어보시는 분들도 있을 테고, 자퇴하고 결국 지금은 뭐하냐며 약간의 냉소를 담아 물어보는 사람도 분명히 있겠죠. 그럴 때마다 난감하셨을 생각을 하면 마음이 아프더라구요. 그렇지만 저는 누군가 저의 선택과 앞으로의 인생에 대해 왈가불가해도 견뎌낼 자신이 있어요.

당연히 단시간 내에 무언가를 이뤄낼 수 없다는 것과 크게 실패할 수도 있다는 것을 인정하고 내린 결정이에요. 그 정도 주변의 소음은 견뎌낼 각오를 마친 지 이미 오래죠. 다행히 제가 도전해왔던 일들에서 많은 성장과 성과가 있어서 이제는 부모님도 걱정을 안 하시고 저를 응원해주시고 있답니다.

> 자신만의 길이니까 주변의 소음은 견뎌낼 수 있다.
> 단단한 사람…. 진짜 자기가 어떤 삶을 살고 싶은지 알고 다른 사람 시선에 상관없이 그거에 만족하니까 가능한 걸 거야. 단시간 내에 이루어낼 수 없다는 것과 크게 실패할 수도 있다는 걸 안다. 그렇지만 남들이 뭐라 하든지 상관없이 나의 목표를 향해 걸어간다.
> 저렇게 주변의 시선에 상관하지 않고 사는 건, 자신이 정한 인생에서만 가능하지 않을까?

학벌에 대한 생각

> 아니, 근데 그럴거면 애초에 서울대는 왜 가고 싶었던 거지? 자퇴를 택한 이의 학벌에 대해 갖고 있는 생각이 궁금했다.

나: 서울대를 가야겠다는 목표는 어떻게 갖게 되셨나요?

D: 음… 이 얘기는 중학교 시절로 좀 거슬러 올라가야 될 것 같아요. 서울대를 가고 싶다는 생각을 중학교 때 처음 하게 되었거든요. 원래는 제가 초

등학교 때 그렇게 막 공부를 열심히 하던 학생이 아니었어요. 부모님께서도 저에게 공부하라고 이야기를 하신 적이 없어서, 그냥 남들 다니는 학원 다니고 친구들이랑 뛰어놀고 뭐 이런 평범한 학생이었는데 중학교에 입학하면서 문득 이런 생각이 들더라구요.

'이제 뭔가 새로운 시작을 하는 건데 진짜 열심히 해보면 좋지 않을까?' 이런 생각을 한 후에 중학교 1학년 1학기 중간고사를 정말 열심히 준비했어요. 확신이 있었던 건 아니에요. 그런데 1학기 중간고사를 치니까 반에서 1등, 전교에서 4등이라는 성적을 받은 거예요. 저 스스로도 정말 많이 놀랐어요. 이때 '나도 할 수 있구나'라는 생각이 들었고, 이때부터 '목표'라는 것에 대해 좀 더 진지하게 생각을 하게 되었죠. 그리고 이왕 목표를 세우는 거니깐 우리나라에서 제일 좋은 대학이라고 하는 서울대를 목표로 세우게 되었어요.

> 좋은 대학에 가고 싶은 특별한 이유는 없지만, 성취감을 위한 목표로 서울대를 정한 거였다.

D: 그리고 이건 조금 나중 일인데, 고등학교에 들어가기 전에 어머니께 갑자기 요리사가 되고 싶다고 말씀드린 적이 있었어요. 요리에 소질이 있는 것도 아니었고, 집안에 요식업에 종사하는 사람이 있는 것도 아니었는데 난데없이 어머니께 이렇게 말씀을 드렸죠.

"저는 제가 커서 어떤 일을 하면서 살아야 할지 모르겠어요. 명확하게 하고 싶은 일이 없어요. 그런데 사람들이 제가 요리한 음식을 먹으며 행복해하는 모습을 보니까 요리사가 되고 싶어요."

그때 어머니와 차를 타고 가고 있었는데, 어머니께서 많이 놀라셨던것 같아요. 중학교 때도 공부를 열심히 했고, 미국까지 가서 공부하고 와서 이제 고등학교에 가려는데 갑자기 요리사가 되겠다고 하니 당연히 그러셨겠죠. 그때 어머니께서는 이렇게 말씀해주셨어요.

"네가 미래에 어떤 일을 해야 할지 모르겠다는 이유로 당장에 관심이 있는 것을 꿈으로 덜컥 정하면, 나중에 정말 하고 싶은 일이 생겼을 때 그 일을 하기가 어려울 수 있지 않을까? 특히 요리사라는 직업은 전문적인 기술을 배우기 때문에 나중에 다른 일을 하게 된다면 완전히 처음부터 다시 시작해야 되거든. 어떤 일을 해야 될지 모를 때는 일단 최대한 높은 곳에 올라가면 돼. 높은 곳에 올라가면 많은 것을 볼 수 있고, 결정을 내릴 때도 더 많은 선택지가 주어질 거야."

이 말을 듣고, 결국 최대한 높은 곳인 서울대를 목표로 공부하기로 다시 마음을 먹었어요. 하지만 마음 한편에는 여전히, 하고 싶은 일이 명확하지 않은 저 자신에 대한 원망이 있었죠.

나랑 비슷했구나. 아직 잘 모르니까 일단 공부를 열심히 했다. 높은 곳에 다다르면 기회가 많을 거라는 막연한 생각에 하고 싶은 일은 모른 채 공부를 하게 되지.

고등학교 내내 입시를 준비하다 보면 학벌에 대한 집착 생기기 마련인데. 그런 영향을 받지 않으셨나?

나: 고등학교 생활이 어떠했는지 궁금해요. 보통의 고등학교 생활은 입시 위주로 돌아가고 성적에 따라서 일종의 서열화가 일어난다고 생각하는데, D 님도 이런 문화에 압박받은 적이 있으신가요?

D: 한국은 거의 대부분이 입시에 초점이 맞춰져 있고, 그 외적인 부분은 최소화가 되어야 한다는 분위기가 있죠. 다행히 제 성격이 긍정적이기도 하고, 학업적인 면에서 욕심이 있기도 해서 그런 분위기에 잘 적응을 했어요. 주변에 힘들어하는 친구들은 정말 많이 있었죠. 경쟁 때문에 친구 사이가 안 좋아지기도 하는 모습을 보면서 안타깝기도 했어요. 물론 저도 스트레스를 받기는 했죠. 한 학기에 중간고사, 기말고사, 그리고 전국 단위 모의고사까지 치니깐 힘들더라구요.

나: 맞아요. 진짜 너무 피 말리죠. 경쟁도 심하고 시험이 계속 있으니까 여유 갖기가 힘들어요.

D: 하지만 저는 서열이라는 것 자체가 잘못되었다고 생각하지는 않아요.

서열의 말의 뜻을 풀어보면 '일정한 기준에 따라 순서대로 늘어섬.'이라는 뜻이잖아요. 오히려, 서열을 없애겠다는 것은 기준을 없애겠다는 것인데 개인과 사회의 가치 판단 체계에서 기준이 사라진다면 결국엔 더 혼란스러워지겠죠.

다만 우리 사회에서 이러한 '기준'이 지나치게 한곳으로 쏠려 있다는 게 문제라고 생각해요. 대학(성적 또는 입시)이라는 하나의 기준으로만 어릴 때부터 학생들을 서열화를 시키다 보니까 문제가 생기죠. 서열이라는 게 피라미드 구조로 되어있으니 상위권에 들지 못하는 대다수의 학생들이 존재하는데, 그 학생들은 어릴 때부터 자신의 가치를 단 하나의 기준으로 평가를 받고 그런 평가가 결국 자존감에도 영향을 많이 미치는 것 같아요. 많은 학생들이 자신들의 가치를 입시라는 단 하나의 기준으로만 판단하며 자신을 깎아내리는 모습을 볼 때 특히나 더 그렇구요. 그래서 그런 학생들에게 자신만의 기준을 가지는 것의 중요성을 많이 이야기해주고는 해요.

나: 좋네요. 자신만의 기준이 정말 필요하죠.

서열은 필요하지만, 그 기준이 대학으로만 되어 있는 게 문제라는 말이 흥미롭고 공감이 되었다.

입시 위주 교육의 가장 큰 문제점은 D도 말했듯, '스스로의 가치를 학벌로 평가하는 것' 이라고 생각한다. 놀랍게도 의대 내에도 서열이 있다. 꼭대기의 S대 의대, 빅파이브 의대, 인서울, 삼룡의, 지거국 등등…
이 서열이 자신의 급으로 느껴져 재수, 삼수를 하는 경우도 허다하다.
자신만의 기준을 갖고 나의 가치는 내가 알아주며 살아가야 한다는 걸
절실히 느꼈다.

가치관

다음으로는 갖고 계신 가치관 등에 대해 질문했다. 남들과 다른 선택을
할 수 있었던 가치관이 궁금했다.

나: 놓친 기회들에 대해서 아까움을 느끼지는 않으셨나요? 의대를 포기한
일이라던가요.

D: 제 목표가 서울대였기 때문에 의대는 원래 선택지에 없었어요. 원서가
한 장 남아서 의대에 원서를 넣은 거죠. 학원에서 실적에 도움이 된다고
해서 그렇게 했어요. 주변에서는 의사가 될 수 있는 기회인데 고민해보라
고 이야기를 했지만, 저는 제가 의대에 들어가면 일주일 만에 자퇴할 사
람이란 걸 알았어요. 제 적성에는 맞지 않는 직업인 걸 잘 알고 있었기에
고민 없이 제 꿈이었던 서울대를 선택할 수 있었어요. 또 제가 가끔 듣는

질문이 있는데 잠시 소개해드릴게요. 서울대를 자퇴했는데 재수한 시간이 아깝지 않느냐는 질문이에요. 어차피 자퇴할 거였다면, 차라리 그 시간에 다른 일을 했으면 더 좋았을 것이라는 취지의 질문인데, 저는 그렇게 생각하지 않아요. 저는 재수하는 과정을 통해 정말 많은 것을 배웠어요. 제가 결국 자퇴한다는 걸 아는 채로 그 시절로 돌아가더라도 저는 재수를 할거에요. 과정에서 많은 배움을 얻은 사람으로서, 학력을 위해 매진해보는 것도 의미가 있다고 생각해요. 그리고 제가 자퇴를 했다고 해서 학력의 중요성을 부정하는 것은 전혀 아니에요.

나: 저도 공부의 과정이 중요하다는 거에 정말 동의를 해요. 무언가 열심히 노력해서 얻어낸 경험이 정말 중요하죠. 결과로만 생각해서 재수를 한 경험이 의미가 없어지는 건 아니죠. 그 과정에서 많은 배움을 얻었다면요.

D: 학생들도 저에게 왜 꼭 대학을 가야 되는지, 이렇게 불행하면서까지 대학을 가야 하는지 물어요. 뭘 해야 할지도 모르겠는데 왜 대학을 가야 하는지 물어봐요. 저는 그런 학생들에게 이렇게 말을 해줘요.

"나도 꼭 공부를 할 필요는 없다고 생각해. 그런데 단지 힘든 게 싫다고 그것을 불행으로 포장하고 있는 건 아닌지 생각해 봐야 해. 그런 생각으로 공부를 그만둔다면 다른 어떤 것을 하더라도 결국 포기하게 될 거야. 단순히 공부를 한다고 생각하지 말고 힘들어도 포기하지 않고 끝까지 가

보는 것이라 생각하면 어떨까? 그러면 실패해도 괜찮고, 시행착오를 겪어도 괜찮은 거잖아. 그렇게 불행하다고 생각하지 않아도 돼. 대학에 가는 이유도 더 넓은 세상에서 시행착오를 겪으며 자신에 대해 배우는 과정이라고 생각해."

세상이 많이 변했지만 이런 의미에서 학력이 아직 우리 사회에서 중요한 가치를 제공한다고 생각해요. 학생들이 공부 말고 그런 가치를 배울 수 있는 기회가 극히 드물거든요.

> 포기하지 않으면서 자신에 대해서 배운다…. 공부하면서 무언가를 배우는 방법과 끈기를 배웠으니까. 자신에 대해서 배운다는 건 뭘까….

나: 자퇴를 하고 고졸로 살아간다는 결정이 절대 쉽지 않은데 그런 용기의 바탕이 된 D님의 가치관은 어떤 것일까요?

D: 세 가지로 요약할 수 있을 것 같아요. 자신과의 싸움, 나눔의 행복, 죽음. 이렇게 3가지인데 순서대로 말씀드릴게요. 저는 재수 생활을 겪으면서 자기와의 싸움의 힘을 알게 되었어요. 제가 스스로와 싸우며 깨달은 몇 가지 다짐이 있어요. 그중 제일 나누고 싶은 다짐 한 가지를 소개하고 싶어요. 그건 바로 결과를 보장받으려 하지 않는다는 것이에요.

그래, 앞에서도 자기와의 싸움이라는 말을 참 많이 사용하셨지. 결과를 보장받으려 하지 않는다고? 사람 심리라면 당연히 결과를 원하게 되지 않나?

D: 학생들과 상담을 하다 보면 이런 질문을 꽤 많이 받아요.

"지금부터 X 시간씩 공부하면 XX대학교에 갈 수 있나요?"

수험생 커뮤니티에도 이런 질문들이 꽤 많이 올라오는데, 사람들도 이런 질문이 얼마나 의미 없는지 알죠. 몇 시간을 공부한다고 어떤 대학에 갈 수 있다는 보장이 절대 되지 않잖아요.

저는 해마다 마주하는 이 질문에 대해 곰곰이 생각을 해봤어요. 왜 해마다 이런 질문을 하는 학생들을 만나게 되는 것인지, 왜 저들은 저렇게 결과를 보장받고 싶어 하는 것인지에 대해 생각해봤어요. 그리고 저만의 결론을 내렸어요.

'결과를 보장받고 싶어 한다는 것은 언제든 포기할 준비가 되어있다는 것이다.

결과가 보장되어 있지 않다는 이유로 시작하지 않는다는 말은 결국, 결과가 불확실해진다면 포기하게 될 거란 말과 같아요. 이들은 누군가 자신을 시작할 수 있게 만들어 주길 바라는 거죠. 이런 경우에는 운 좋게 희망찬 응원을 해주는 사람을 만나 시작한다고 해도 얼마 가지 않아요.

시작하는 순간부터 결과에 대한 불확실성을 계속 마주하게 되기 때문이죠. 자기 스스로 X 시간 이상 공부하기로 했는데 그러지 못하는 자신을 보거나, 열심히 했지만 시험에서 원하는 성적이 나오지 않을 때마다 보장된 것 같던 결과가 희미해지니 포기해버리죠. 어차피 바라던 결과가 나한테 주어지지 않을 것이니 의미가 없는 거라며.

이들은 자신과의 싸움을 하려 하지 않아요.그렇기 때문에 성장하지 못하고 결국 자신과의 싸움을 이겨낸 남들과의 경쟁에서 지게 되죠.

나: 음, 맞아요. 저 말은 진짜 말이 안 되죠. 몇 시간 공부했다고 어떤 대학을 가는 게 보장될 리는 없죠. 생각해보니까 저도 전에 대학 가기 위해서 공부할 때는 진짜 보장된 결과를 바라지 않고 그냥 공부를 했네요. 앞으로도 그런 생각을 갖고 살아야겠어요.

D: 저는 결과가 보장된 일을 경계해야 한다고 생각해요. 왜냐하면 내가 하는 일이 정말 보장된 결과를 낼 수 있고, 거기다 그 일이 힘들지 않다면 그건 내가 언제든지 대체될 수 있다는 뜻이기 때문이죠. 그런데 이런 생각이 많이 퍼져있어요. 자신의 노력의 결과가 고스란히 자신에게 쥐어 져야 한다는 생각이요.

'왜 저 사람이 나보다 더 많이 가져갈까? 내가 더 열심히 했는데….'

물론 과정에 있어서 부정한 행위가 있었다면 바로잡아야 하겠지만, 그렇지 않은 경우라면 우리의 삶의 필연적 일부라는 것을 인정해야죠. 저는 저보다 노력하지 않은 사람이 저보다 훨씬 더 많은 것을 가져가는 것을 수도 없이 지켜봤어요. 많이 심란하기도 했었죠. 저는 그 수많은 것들 중 몇 군데에서만 제가 들인 노력만큼의 결과를 얻었어요. 그럴 수 있었던 것은 결과는 보장된 것이 아니라는 생각을 가지고 노력을 멈추지 않았기 때문이에요.

노력에 결과를 보장받길 원하지 않는다. 자기와의 싸움에서 의미를 얻는다. 무언가를 계속 지속해나가기에 좋은 마인드이구나. 요즘 세상에 꼭 필요한 말이네. 노력과 결과는 비례하지 않는다. 결과가 좋았다고 해서 자만해서는 안 돼. 그리고 결과가 없었다고 해서 노력이 무의미해지는 것도 아니야.

노력하는 과정에서 계속 결과를 의심하면 힘이 들 거야. 그냥 꾸준히 노력해가는 거지. 그렇게 보장되지 않은 결과를 위해 노력을 투자했을 때 얻을 수 있구나. 가치 있는 일일수록 많은 노력이 필요하니까. 노력과 결과는 비례하지 않는다는 걸 인정하고 그냥 노력하는 태도. 정말 배울 만하다.

D: 노력과 결과는 비례하지 않는다는 사실을 인정하고 나니 이전과는 많이 달라졌어요. 내가 노력보다 더 많은 것을 얻게 되는 경우 감사 할 수 있는

D: 노력과 결과는 비례하지 않는다는 사실을 인정하고 나니 이전과는 많이 달라졌어요. 내가 노력보다 더 많은 것을 얻게 되는 경우 감사 할 수 있는 마음이 생겼어요. 그리고 이 마음이 두 번째 가치관으로 이어졌어요. 두 번째는 나눔의 행복이었죠. 내가 가진 것에 대해 감사하는 마음을 가지니, 내가 가진 것을 다른 사람에게 나누고 싶은 마음이 생기더라구요. 저희 집이 금수저 집안은 아니지만 부족함은 없이 자랐어요. 그에 대한 감사함을 항상 느끼며 살아요. 그래서 환경이 뒷받침되어 주지 않아서 자신의 꿈을 이루기 힘들어하는 학생들을 보면 도와주고 싶고, 제가 아는 것들을 통해서 나누고 싶은 생각이 들어요. 연관성이 없어 보일 수 있지만 이 생각이 자퇴를 결정하는 데에 많은 영향을 미쳤어요. 남들의 성공에 기여하려는 마음을 갖고 있다는 사실이 내가 성공할 수 있다는 확신을 더 높은 수준으로 끌어올려 주었거든요. 실제로 제가 이룬 것들 중 대부분이 남들의 성공에 기여하려는 진심으로부터 시작된 것이 많구요.

내가 이렇게라도 살고 있는 건 내가 노력해서가 아니라 갖고 있는 게 많았기 때문이라는 걸 느끼셨구나. 감사함을 깨닫고 환경이 뒷받침되지 않는 사람들에게 나누고 싶다는 마음이 무엇인지 이해가 되었다. 남들의 성공에 기여하는 게 내가 성공할 수 있다는 확신을 높여주었다는 말. 내가 믿었던 이타적 동기의 힘과 일치했다.

D: 저에게 자퇴할 수 있는 용기를 준 가치관 중 마지막은 바로 죽음이에요. 누구보다 긍정적인 제가 항상 죽음에 대해 생각하고 있다는 사실을 알게 되면 놀라는 분들이 많아요. 저는 죽음의 어두운 면을 생각하지는 않고, 제 인생의 마지막 날에 제가 어떤 생각을 하고 있을지를 매일 떠올리는 거예요. 중요한 건 그날이 꼭 수십 년 후라는 보장이 없다는 거예요. 만약 내가 지금 당장 죽는다면, 나는 죽어가는 그 순간에 무슨 생각을 할까? 저는 이 질문에 '아 진짜 행복하고 재밌고 의미 있게 살았다. 더 많은 것을 이루고 싶었지만 아쉽게 됐군. 그래도 후회되는 일은 별로 없어 다행이야.'라는 대답을 할 수 있는 삶을 살기 위해 노력하고 있어요.

이렇게 죽음을 생각하는 삶을 살다 보니, 자퇴라는 과감한 결정을 할 수 있었던 게 아닌가 싶어요. 정말 중요한 결정을 내려야 하는 순간에 죽음을 떠올리면 지금 내 주변에 있는 많은 소음들로부터 벗어날 수 있게 되고, 나에게 정말 의미 있는 방향으로 결정을 내릴 수 있게 된달까요?

내일 죽는다면 무엇을 할 것인가. 스티브 잡스의 명언이 떠올랐다. "If today were the last day of my life, would I want to do what I am about to do today?" (오늘이 내 인생의 마지막 날이라면, 지금 하려고 하는 일을 할 것인가?) 맞아. 내일 죽는다고 생각하면 다른 사람의 시선과 말들이 무슨 상관이겠어. 내가 진짜 원하고 하고 싶은 대로 살아야지.

나를 위한 삶

인터뷰를 하면서 공감되는 부분이 많았다. 어떤 일을 해야 할지 몰라서 일단 대학을 잘 가기 위해 노력했던 과거. 직업에 국한되지 않고 새로운 일을 하고 싶다는 생각. 학교를 다니면서 의미를 찾던 순간들. 나도 같은 경험이 있었다.

그런 고민을 이겨내고 자신만의 삶을 사는 모습에서 대단함을 느꼈다. 자신이 하고 싶고 의미 있다고 생각하는 일만 하며 시간을 보내는 것. 본인의 가치관에 맞지 않으면 좋은 보상이 있더라도 거절하는 것. 자기와의 싸움을 통해 성장을 이루며 살아가는 것.

그리고 이 말들이 감동적으로 느껴졌다. 누군가 내 인생에 대해 왈가불가해도 견뎌낼 자신이 있다. 단시간 내에 무언가를 이뤄낼 수 없고, 실패할 수 있다는 사실을 안다. 하지만 내가 원하는 일을 한다는 단단한 정신이 감동이었다.

엄청난 자기 자신에 대한 믿음과 인내심이 느껴졌다. 이게 가능한 이유는 D가 '나를 위한 삶'을 살고 있기 때문일 것이다. D는 자신이 무엇을 원하는지를 알고, 어떻게 살고 싶은지를 정확히 알고 있다. 사람들의 성장에 기여하고 싶고, 현재의 시간을 소중하게 보내야 한다는 중심이 잡혀 있다. 그리고 자신이 하고 있는 일에 대한 확신이 있다. 처음에는 성과가 잘 나오지 않아도 나를 믿으며 꾸준히 시간을 투자해 수입에서도 안정성을 얻어냈다. 정말 자신을 위해 살아가고 있었다.

자퇴를 택했을 때 몇몇 동기들이 부럽다는 말을 전했다고 했다. 그래서 D는 깊은 생각에 빠졌다고. 나도 생각을 해봤다. 그 동기들은 왜 D에게 부럽다고 했을까? 그들도 서울대고 나름 괜찮은 삶이 보장되어 있을 텐데, 고졸을 선택한 친구를 부러워하는 게 이상하잖아. 그건 자신의 인생을 살아가고 있냐의 차이이다. 껍데기는 중요하지 않다. 진정 본인이 원하는 인생을 살지 못한다면 만족도가 떨어질 수밖에 없다.

사회가 우리에게 요구하는 많은 목표들. 좋은 대학, 좋은 직업, 좋은 배우자, 경제적 능력. 이 모든 걸 다 갖춰도 행복하지 않을 수 있다. 우리가 행복을 느끼고 삶의 의미를 느끼는 순간은 안에서 우러나온다. 자신이 정말 의미 있다고 생각하는 일을 하고, 좋아하고 행복한 일을 하면서. 그렇게 나아가면서 만족스러운 삶이 된다.

나도 아직 오래 살아보지는 못했지만, '나를 위한 삶'의 중요성을 많이 느꼈다. 의대에 들어와서 예과를 보내는 동안 겉보기에 부족할 게 전혀 없었다. 원하던 대학도 왔고, 과외를 하면서 학생 수준에서 넉넉한 돈을 벌 수 있었다. 공부에 대한 압박도 없어서 놀고 싶으면 놀 수 있고 다들 가고 싶어 하는 여행도 다닐 수 있었다. 그런데 어이없게도, 그 당시에 가장 우울했다. 항상 고민했다. 왜 살아야 하는지에 대해서. 단순히 머리로 궁금한 게 아니라. 정말 왜 살아야 하는지 모르겠어서 살고 싶지 않을 때가 있었다. 그때 많이 고민했다. 누군가는 인생의 의미는 찾는 게 아니다, 그냥 사는 거다, 라고 말했지만 답을 찾고 싶었다. 여러 철학책도 읽어보고 사람들의 이야기를 들으면서 깨달았다. 인생의 의미는 없다. 태어났으니까 사는 거고 내가 이런 생각을 하고 있는 건 자연의 섭리일 뿐이다. 살아야 하는 이유나 인생의 정해진 의미 같은 건 없다.

그 대신 그 의미를 내가 스스로 정할 수는 있겠구나를 깨달았다. 그래서 스스로 그 의미를 찾아가기로 결심했다. 그 의미는 나의 욕망, '내가 무엇을 원하는가'에서 나온다. 자신이 원하는 일을 할 때 우리는 순간에 완전히 집중하고 즐길 수 있다. 그런 순간은 그 자체만으로도 가치가 있고, 그 순간들이 쌓여 되돌아봤을 때 자신의 삶에 만족스러움을 느끼게 된다. 또 나는 다른 사람의 고통을 해결하는데 기여한다면 정말 의미 있는 삶이 될 거라는 생각을 했다. 나의 삶이 끝나 아무것도 남지 않는다고 해도, 내가 주위에 끼친 영향과 그로 인해 달라진 다른 사람의 순간들은 존재하기 때문이다.

이 책을 쓰고 있는 것도 그 의미를 찾으면서 얻은 결실이기도 하다. 내가 진정으로 원하는 일을 하니까 살아가고 있다는 느낌을 받는다. 인생에 대한 허무함을 또다시 껍데기로 채우려는 사람이 많은 것 같다. 더 많은 돈, 더 부러운 위치에 오르면 뭔가 해결되겠지 하고 말이다. 그런데 그건 정말 아닌 것 같다. 남을 위해 사는 인생에서 만족이란 채워지기 어렵다. '나'에서 우러나오는, '나'를 위한 삶을 살아야 한다.

D는 그걸 찾아 나갔고, 행동에 옮겼다. 자신이 원하는 선택을 하나씩 하며 확신을 갖고 인내심을 가졌다. 그 비결은 삶의 소중함을 아는

데에서 나왔다. 죽음에 대해서 생각한다고 하셨지. 내일 죽는다면, 다른 사람이나 사회의 기준을 신경 쓸 겨를이 없다. 시간은 소중하고 다시 오지 않는다. D에게 대학은 무의미했다. 취업할 생각이 없었고, 배움은 대학이 아니어도 얻을 수 있기 때문이다. 당연히 학력이 쓸모없지는 않다. 자신이 원하는 어떠한 목표가 있고 그걸 위해 학력이 필요하면 대학을 다녀야 한다. 중요한 건 원하는 목표를 알고 삶에 대한 선택을 나의 기준에서 판단하는 것이다.

그렇게 사회가 성공이라고 부르는 길을 벗어나도, 꾸준히 하다 보면 빛을 보게 된다는 사례를 보게 되었다. 처음에는 수입이나 성과가 크지 않았지만 점점 늘려나가 안정적이게 되었다. 그리고 원하는 일을 하면서 나온 결과물로 자연스럽게 새로운 기회가 따라와 일반적으로 말하는 성공에도 가까워졌다. 내가 가려는 길에 대한 확신을 더 갖게 되는 순간이었다.

나만의 개성 찾기

    그럼 어떻게 나를 위한 삶을 살 수 있을까? 가장 먼저 선행되어야 하는 일은 나에 대해서 아는 것이다. 나의 자아와 개성을 찾아야 한다. 나에 대해 알기 위해 내가 무엇을 원하는지를 깨닫는 게 중요하다. D의 경우 자신이 원하는 일은 직업에 속할 수 없고 새로운 일을 만들어 내는 욕망이라고 말했다. 사실 우리 대부분이 갖고 있는 욕망은 직업에 속해있지 않은 경우가 많다. 나는 지식에 대한 탐구를 하면서 사람들과 세상에 가치를 주고 싶은 욕망이 강하다. 어떤 친구는 유명해지고 싶다는 욕망, 어떤 친구는 행복한 가정을 만들고 싶다는 욕망을 갖고 있다. 이런 욕망이야말로 삶의 원동력이 된다. 직업을 목표로 삼기

보다는 자신의 욕망을 정확히 알아야 한다. 그 욕망이 꿈이 될 수 있고, 삶의 의미가 될 수 있다.

이걸 알기 위해서 다양한 경험을 바탕으로 행복했던 순간을 떠올려 보는 게 도움이 된다. 나 또한 이 과정에서 새로운 사실을 깨달았다. 어렸을 때부터 차근차근 내가 언제 행복했는지 떠올렸다. 새로운 지식을 알았을 때, 나를 통해 다른 사람의 삶이 나아졌을 때 행복했다. 그리고 행복했던 순간 중에 의외로 리더의 역할을 했을 때가 있었다. 고등학교 시절 가장 행복했던 순간을 떠올려봤다. 체육대회에서 응원단장을 맡아 100명이 넘는 학생을 통솔하고 좋은 결과를 냈던 때, 동아리 발표회 때 기장을 하며 친구들을 이끌며 무대를 마쳤던 때가 떠올랐다. 그 순간에 나는 정말 행복했다.

의외였다. 나는 내가 리더에 어울리지 않는 사람이라고 생각해왔다. 친화력도 그다지 좋지 않고 소심한 성격이기 때문이다. 다른 사람들도 딱히 나를 리더에 맞는 스타일이라고 봐주지 않았다. 평소 말주변이 없고 숫기가 없다는 소리를 많이 들어왔다. 그래서 리더를 하고 싶은 그런 욕구를 스스로 억누르고 있었다. 다른 사람이 의아해하고 잘 해내지 못할까 봐 무서웠던 거다. 그런데 깨달았다. 나는 리더가 잘 맞고,

하고 싶어 하는 사람이구나. 그렇다면 리더를 할 수 있게 노력을 하면 되겠다. 열정이 샘솟았다. 이런 식으로 다른 사람이 나에게 기대하는 모습이 아닌 내가 원하는 나의 모습을 깨달아야 한다.

나라는 사람은 고정된 존재가 아니다. 태어나기를 소심하게 태어났다고 그에 맞는 역할을 해야 하는 게 아니다. 활동적인 성향을 타고났더라도 조용히 있는 상태에서 더 편안함을 느낄 수도 있다. 학창시절에 공부를 못했는데도 공부가 적성에 맞을 수도 있다. 결국 내가 언제 의욕이 생기고 건강한 상태가 되는지 'best self'를 찾아야 한다.

있는 그대로의 나도 물론 소중하지만 계속 그 모습으로만 있어야 하는 건 아니다. 원래의 내가 아닌 내가 되고 싶은 모습이 되어보는 거다. 원하는 모습으로 행동하고 변화를 얻으면 더 행복할 수 있다. 나는 소심하고 걱정이 많은 편이지만 그걸 이겨내고 당당하게 행동할 때 기쁨을 느낀다. 인생의 묘미는 나를 극복하고 삶을 이끌어 나가는 것에 있는 것 아닐까.

그렇게 자신이 어떨 때 행복하고, 어떤 사람이 되고 싶은지에 대해 고민하며 각자의 개성이 완성된다. 개성을 가지면 좋은 점 중 하나로 자존감이 높아진다. 우리는 계속해서 성적이라는 잣대로 평가를 받아왔다. 학생 때는 학교 성적이 곧 나의 가치로 느껴졌다. 이후로는 학벌, 스펙, 재산 등. 의대를 다니는데도 불구하고 여전히 시험 성적의 등수가 낮게 나오면 자존감이 흔들렸다. 고등학교 때 성적을 곧 나의 가치로 느끼는 습관이 남아 있기 때문이다. 나의 가치를 정하는 자신만의 기준이 있어야 한다. 내가 원하는 일을 하며 성취를 경험하고 스스로에 대한 만족을 얻는 과정이 필요하다. 그 과정에서 단단한 자아가 완성된다.

게다가 또 요즘은 이런 사람이 성공도 하는 시대이다. 회사에서도 개성이 뚜렷한 인재를 찾는다. 이런 식으로 성공한 아주 많은 사례들이 존재한다. 취업난 세상에서 유리해질 수도 있고 성공의 가능성이 높아진다. D에게 다른 회사에서 먼저 연락이 오는 거처럼 자신의 희소성을 키우는 일이다.

자신의 진정한 욕망을 찾아서 노력을 쏟아야 한다.

끝없는 배움

배움에 대한 D의 이야기가 인상적이었다. 지나간 배움보다는 미래를 향한 배움을 하고 싶다는 말, 그리고 내적, 외적인 성장을 가장 중요시하는 태도. 삶에 꼭 필요한 요소이다.

배움은 대학에서 알려주는 게 아니다. 배움은 책, 경험, 자기와의 싸움, 삶에 대한 고민에서 얻어진다. 학교를 졸업했다고 배움을 얻었다고 착각해서는 안 된다.

지식은 대학이 아니고도 충분히 배울 수 있다. 기회가 많다. D가 말했듯이 꼭 대학 강의를 통해서 배울 필요가 없다. 유명하신 교수님들은 책을 집필하시기도 했고, 강연도 많이 하신다. 그런 걸 찾아서 스스로 배우려는 태도가 필요하다. 난 앞에서의 best self 를 찾는 과정을 'coursera'에서 들으면서 알게 되었다. 외국 명문대의 강의를 들을 수 있는 온라인 사이트이다. 지식을 습득할 방법은 정말 많다. 대학을 졸업하고 나서도 계속 배우는 사람이 승리할 수 있다. 계속해서 세상에 적응하면서 주체적인 배움을 해나가야 한다.

다음으로 내적인 성장도 중요하다. 하루하루의 삶에서 항상 배우려는 태도를 가져야 한다. D는 재수 생활을 통해 서울대라는 원하는 목표를 이룰 수 있었던 이유로, 자기와의 싸움을 통한 성장을 꼽았다.

"재수 시절 경험을 통해서 얻은 다른 깨달음 한 가지는, 남들과 경쟁해서 이기는 것보다 나 자신과의 싸움에서 이기는 것이 중요하다는 것이었어요. 사실, 저 자신과 한 약속을 지키는 것이 정말 정말 정말 정말 힘들었어요. 그 중 하나가 "고실에서 절대로 자지 않는다"라는 다짐이었죠. 하루 종일 공부를 하다 보면 극도로 피곤한 날이 찾아오곤 해요. 수험생활을 한 분들이라면 다들 공감하실 거예요. 특히 여름이 되면 덥고 습하기 때문에 주변 친구들도 지쳐서 다 자고 있으니 유혹에 시달리기도 했죠. '다 자고 있는데. 나도 조금 자면 안 될까? 딱 10분만 자는 건데 크게 상관있겠어?' 이런 생각을 하면서 교실에서 눈

을 감은 적이 딱 한 번 있었어요.

근데 눈을 감자마자 떴어요. 그때가 한 6월 말쯤이었는데, 눈을 감으니 7월, 8월, 9월에 책상에 엎드려서 계속 자고 있을 제 모습이 상상되더라구요. 정신이 번쩍 들었어요. 2월부터 6월까지 5개월 동안 그 다짐을 지켜왔는데 이 한 번을 지키지 못한다면 남은 기간에는 이 다짐이 아무런 의미가 없어질 거란 생각에 그 고비를 간신히 이겨냈어요. 이렇게 이겨내고 나니깐, 즉 내면에서 들려오는 합리화의 목소리를 이겨내고 나니깐 수능까지 그 약속을 지키는 것이 크게 어렵게 느껴지지 않았어요. 자신과의 싸움을 이기고 나니, 주변에 그렇지 못한 학생들과 점점 더 격차가 벌어지는 것 또한 자연스럽게 느낄 수 있었구요."

D는 교실에서 절대 잠을 자지 않겠다는 약속, 군대에 들어가 100권이 넘는 책을 읽겠다는 약속을 지켰다. 자신과의 싸움을 통해 내적 성장을 이루고 자신에 대한 믿음을 갖게 되었다. 이 믿음은 나를 위한 삶을 살아가는 데 중요한 역할을 한다. 남이 아닌 나와 경쟁하는 태도로 만족스러운 삶으로 나아갈 수 있다.

삶이란 배우고 성장하면서 더 완전한 사람이 되어가는 과정이라고 생각한다. 그래서 편안하고 안락하기만 한 생활을 하고 싶지 않다. 고

난도 겪어보고 세상의 여러 모습을 체험해보면서 많은 걸 배우고 성장하고 싶다. 그렇게 내가 원하는 대로 하나씩 점을 찍어가며 나만의 선을 완성하고 싶다.

불확실성을 마주하는 용기

'결과를 보장받지 않으려는 마음이 중요하다.', '불확실성이 높다는 건 가능성이 크다는 의미이다'

이 말들이 처음에는 이해가 잘 가지 않았다. 무슨 소리인가 싶었다. 계속 곱씹어보니 어떤 의미인지 알게 되었고 멋진 말이라는 걸 깨달았다. 결과를 보장받지 않고도 무언가를 위해 노력하는 건 정말 중요한 힘이다. 이 세상에 확실시되는 건 없다. 대가를 너무 바라면 노력이 힘들어진다. 몇 시간 공부한다고 어떤 대학을 갈 수 있고, 그런 건 정해져 있지 않다. 공부를 할 때마다 과연 내가 대학에 갈 수 있을까, 노력에 대한 보상을 받을 수 있을까를 생각한다면 괴로워진다.

세상의 대부분의 일은 불확실함을 갖고 있다. 좋은 학점을 받고 스펙을 쌓는다고 해서 회사에 취직을 할 수 있나. 모르는 일이다. 모든 일은 불확실하지만, 일반적인 길이 덜 불확실하게 느껴지는 건 맞다. 이미 그 길을 걸어갔던 사람들의 자료가 쌓여있기 때문이다. 저 사람이 저렇게 해서 이 회사에 들어갔으니 나도 이런 노력을 하면 성과를 얻을 수 있을 거야. 이런 식으로 말이다. 하지만 많은 자료가 쌓여있는 길은 접근하기도 쉬우니 경쟁률이 세다.

글을 쓰다 보니 결과가 보장되어 있지 않다는 점이 가장 힘들었다. 시험공부를 할 때는 예상을 할 수 있었다. 이 정도 공부를 하고 이 정도 내용을 알고 있으면 몇 점은 나오지, 하고 말이다. 어렸을 때부터 공부를 해왔으니까 경험상 알 수 있었다. 그래서 노력하는 순간에 보상에 대해 안심을 할 수 있다. 대학을 준비할 때도 선배들의 사례가 있으니 결과를 어느 정도 보장받을 수 있었다. 그런데 글 쓰는 건 그런 게 없다. 내가 처음 해보는 일이기도 하고, 이 내용의 책을 쓰는 사람은 나로 유일하기 때문에 참고할 사람이 없다. 그래서 어떤 결과가 나올지 알 수가 없다.

따라서 자신만의 길을 가려면 결과를 보장받지 않으려는 마음이 더 크게 필요하다. 결과를 바라지 않고 노력하는 정신. 이 정신으로 자기와의 싸움을 해나가야 한다. 가장 필요한 태도는 '그냥 생각을 다물고 앉아서 할 일을 하는 것'이다. 고민과 불안이 들 때 해결법은 없었다. 그냥 할 일 하는 게 최선이다. 내가 원하는 목표를 향해 노력하는 과정 자체에 의미가 있다는 믿음을 갖고서 말이다.

우리가 보통 '도전'이라고 부르는 것들은 다 그렇다. 남들이 잘하는 것도 아니고 처음 해보는 거니까 결과가 어떻게 될지 모른다. 그래서 끝없는 회의에 시달려야 한다. 하지만 그곳에 더 많은 가능성과 가치가 숨어있다. 다 결과가 보장되어 있으면 누가 못하겠어. 그런 건 하기 쉬우니까 별로 가치도 없을 것이다. 성공을 하려면 결과를 보장받지 않으려는 마음이 필요하다.

일론 머스크가 세계 최고의 자리에 오른 이유는 최고의 불확실성에 도전했기 때문이다. 상용 우주선을 만들겠다니. 모두가 그의 도전이 불가능하다고 말했다. 그가 확실한 성공과 결과를 원했다면 그 과정을 버틸 수 없었다고 생각한다. 진심으로 원하고 가치 있다고 생각하는 목표를 위해 그저 시간과 노력을 쏟았기에 가능했다.

게다가 요즘은 불확실성이 높아지는 시대이다. 직업이 사라진다는 말도 나오고, 불안정한 고용형태가 늘고 있다. 불확실성을 받아들이고 높은 가능성을 추구해야 한다. 노력한다는 사실에 의미를 두고 성장에 집중하며 끈기를 갖자. 불확실성을 마주하는 용기를 갖고 담담하게 하루하루를 나아가자.

06 지금의 내가 성공한 나에게

나와의 이너뷰

innerview

#의대는_휴학하기로

#나에게_충실한_삶

#성공하려는_나에게

나의 이야기

4명의 특별한 사람들을 만났다. A에게 주식으로 돈을 모은 경험을 들으며 돈에 대해 배우고, B로부터 사업 이야기를 들으며 경제적 자유를 꿈꾸었다. C의 스타트업 일대기를 들으며 나를 가로막던 한계를 없애고, D의 고졸을 선택한 이야기를 들으며 자신만의 삶을 살아가야 함을 깨달았다.

이 모든 건 '책을 써볼까' 하는 작은 호기심에서 시작되었다. 그리고 두려움을 이겨내고 용기를 내니까 멋진 일이 일어났다. 나의 삶이 달라졌다.

이런 도전이 가능했던 이유로, 나의 이야기를 조금 해보려 한다.

우선 대학에 들어와 여러 가지 시도해봤던 다양한 경험이 도움이 되었다. 예과 2년 동안 하고 싶은 경험을 다 해보고 싶다는 욕심이 있었다. 본과라는 무서운 존재가 앞에 놓여져 있었기 때문이다. 여러 사람을 만나기 위해 연합동아리에 들어갔다. 거기서 A와 친해져서 대화를 하다가 이 책의 아이디어를 떠올릴 수 있었다. 어느 날, 심심해서 오랜만에 펼쳐본 책을 읽고 책의 가치를 깨달았다. 이후로 일주일에 2~3번은 서점에 가 책을 읽었다. 여러 책들을 구경하는 것도 좋아했다. 요즘은 어떤 책이 유행이고 베스트셀러가 되었는지 관심이 가 관찰도 많이 했다. 고등학교 때 시를 쓰는 수행평가를 했을 때 재미있었던 기억이 있어서 시와 소설을 쓰는 동아리에 들어가 활동했다. 동아리에서 단체로 책을 제작해보기도 했다. 이런 경험들이 쌓여 책을 쓸 수 있다는 자신감과 끈기가 만들어지지 않았나 싶다.

그리고 무엇보다 나를 사랑하는 마음이 도움이 많이 되었다. 대학 오고 나서 자존감 낮아서 고생했다. 학창시절 동안 끊임없는 평가를 받으며 마음이 너덜너덜해졌다. 공부가 우선인 삶을 살면서 나에 대해 알아본 적이 없었고 자존감이 낮아져 있었다. 이 사실을 인지하지도 못하고 완벽주의, 자기검열에 시달리며 살았다. 그러다 한번 공황을 경험한 일을 계기로 나를 챙기기 시작했다. 틈날 때마다 많은 정신건강, 심리학, 힐링, 자존감에 관한 책을 읽고 영상을 찾아봤다.

그 결과로, 사라졌던 내 자아를 찾고 마음을 인지할 수 있게 되었다. 많은 책들에서 자신을 사랑하라고 했다. 처음에 나를 사랑한다는 게 어떤 느낌인지 감조차 오지 않았다. 그래서 그냥 계속 자기 전 하루에 5번씩 반복했다. 나는 나를 사랑한다. 나는 소중한 사람이다. 나는 어떤 모습이어도 괜찮아. 나는 그저 나로서 존재할 뿐이야. 이런 문구들을 반복하며 스스로에게 말해주었다. 명상도 해보고, 과거에 상처받았던 기억을 떠올려보기도 했다. 그 당시의 내가 받았던 상처를 인정하고 화해했다. 생각이 날 때마다 일기를 쓰면서 내 감정과 욕구를 느껴봤다.

그렇게 나를 되찾고 건강한 자기중심적 삶이 무엇인지 알게 되었다. 세상과 나를 바라보는 시선의 중심이 나에게 있어야 한다. 계속해서 지금 내 기분은 어떤지, 지금 나는 무엇을 원하는지 물어보았다. 덕분에 내가 진정으로 원하는 걸 알아차리고 나아갈 수 있게 되었다. 두려운 순간에도 마인드 컨트롤을 하면서 용기를 낼 수 있었다. 내가 갖고 있는 능력 중 가장 큰 능력이라고 생각한다.

휴학을 해야겠어

나를 사랑하는 마음을 갖고 인생의 목적을 찾는 강의를 들으면서 내가 뭘 원하는지 명확하게 알게 되었다. 문제는 뭘 원하는지는 알고 있는데 그걸 이루는 길을 모른다는 점이었다. 그래서 많이 답답하고 괴로웠다. 인터뷰를 하나씩 해나가면서 그 길을 찾게 되었다. 그리고 휴학을 결정했다. 내가 원하는 길을 걷기 위해서.

학기를 보내면서 고민을 많이 했다. B와 인터뷰를 하고 난 뒤 사업을 해야겠다고 마음을 먹었다. 사업을 하려면 회계를 알기 위해 경영학과를 가야 하나, 개발을 배우기 위해 컴공에 가야 하나 여러 고민이 들었다. 실제로 편입 정보도 찾아보기도 했다. 아무 능력도 없는 상태에서 당장 시작을 하는 건 무서웠다. 휴학을 한다는 생각은 하지 못했다.

휴학은 의대에서 다른 학과보다는 조금 더 큰 의미이다. 같은 학번끼리 모든 수업을 함께 듣기 때문에 고등학교 느낌이 강하다. 한 학기 휴학이 불가능해 1년을 휴학해야 하기도 하고, 휴학을 하는 학생들이 거의 없다. 그래서 용기가 꽤 필요한 일이다. 가능성도 안 보이는 채로 휴학을 하는 게 말도 안 된다고 생각했다.

그러다 C와 인터뷰를 하고 깨달았다. 이런저런 조건들은 필요가 없겠다. 그냥 하고 싶은 거 당장 실행하면서 하다 보면 답이 나오겠다. 바로 시작을 해야겠다는 생각이 들었다. 종강이 2달 정도 남았을 시기였다.

그런데 학기를 보내면서 생각이 계속 흔들렸다. 본과 생활이 계속 공부만 해야 하고 고통스러운 면이 있지만 적응이 되니까 할 만했다. 함께 힘든 과정을 나눌 수 있는 친구들이 있다는 점도 큰 안정을 주었다. 같은 길을 걸으면 힘듦을 공유할 수 있기 때문이다. 그리고 명확히 보이는 루트가 있으니까 이렇게 계속 살면 적어도 못 먹고 살거나 실패할 일은 없다는 생각에 불안하지는 않았다.

의대라는 곳에 속해있다는 점이 안정감과 편안함을 가져다준것이다. 지금껏 학교에서 결석 한 번 해본 적이 없었다. 세상에서 정해진 길을 한 번도 벗어나 본 적 없는 모범생. 그래서 이탈하는 게 더 두려웠다. '아 그냥 계속 학교를 다닐까? 친구들과 함께하면서. 그게 더 마음이 편할지 몰라.' 이런 생각이 들었다. 한창 관심이 생겼을 때에 비해 시간이 지날수록 의지는 약해지고 두려움이 커지는 게 느껴졌다.

하지만 종강이 왔고 휴학을 결심했다. 아무리 봐도 당장 시작해야겠다는 생각이 들었다. 내가 내일 죽는다면 뭘 하고 싶은지 생각했다. 계속 학교를 다니는 건 정말 아니었다. 명확했다. 나는 저 사업이란 걸해보고 싶다. 머릿속에 아이디어가 계속 차올랐다. 다른 사람을 도우면서 세상을 바꾸고 돈도 버는 일. 내가 바라던 이상향이었다. 사업을 시작하고 나의 삶을 살아가고 싶다. 사람들에게 가치를 제공하고 세상을 바꾸기. 결국 경제적 자유를 이루어 내 삶의 주인이 내가 되어 살아가기. 그리고 무궁무진한 기회로 꿈을 펼치고 싶다. 부모님께 말씀을 드렸다.

"나 휴학을 할거야."
"뭐? 너 제정신이니?"
"내가 전에 말했잖아. 사업 할 거라고."

"무슨 사업이야 얘는. 할 거면 졸업하고 해."

학기 중에도 조금씩 말씀을 드리긴 했는데 그냥 하는 소리라고 생각하셨나 보다. 명확하게 난 휴학을 할 거라고 말씀을 드리니 놀라며 반대를 하셨다. 설득하려고 노력했다. 의사만이 정답이 아니다, 나는 사업을 통해 더 많은 돈을 벌 거고 내가 가치 있다고 생각하는 일을 할거다, 내가 갖고 있는 능력을 더 많이 이용하고 싶다. 이렇게 말씀을 드렸다.

믿어주시길 바랐지만, 통하지 않았다. 의욕을 꺾는 말을 하셨다.

"네가 잘하는 일을 했으면 좋겠다."

공부를 잘하니 공부로 얻을 수 있는 의대를 다니라는 이야기겠지. 나는 사업을 잘할 수 있다고 말했지만, 그렇게 보이지 않는다고 하셨다. 부모님은 내가 안정적인 길을 가기를 바라셨다. 또, 휴학이 1년으로 끝나지 않고 학교로 돌아가지 않을까 봐 걱정하셨다.

하지만 나는 꺾일 수 없었다. 살면서 처음으로 하고 싶은 일을 찾았다. 항상 왜 살아야 하지라며 삶에 대한 회의감을 갖고 있었다. 이렇게 가슴 뛰는 열정은 책을 쓰기로 결심한 이후로만 느끼고 있다. 인터뷰를 하면서 여러 가능성을 맛보고 내 꿈을 상상하는 순간에서야 나는 비로소 살아있음을 느꼈다. 설령 내가 사업에 맞지 않는 사람이라고 하더라도 내 DNA를 바꿔서라도 할 거야. 성공? 성공이 뭐가 어려워? 성공할 때까지 포기하지 않으면 죽기 전에 언젠간 성공하겠지.

"그래서 무슨 사업 할건지 계획은 있어? 방학 동안 해보고 가능성을 보고 결정해."

방학 동안 사업 계획을 세우고 가능성을 보여주기. 1~2달 안에 뭘 성과를 내라니. 그 기간 동안 성공이 보이면 누구나 다 성공하게? 라는 마음에 원망스럽기도 했지만, 일단은 그렇게 하기로 했다.

치열했던 방학

종강을 하자마자 집에서 가장 가까운 교보문고에 달려갔다. B가 사업에 관심을 가진 후 사업 관련 책을 정독한 경험을 따라 했다. 사업가의 전반적인 조언, 아이디어 발굴하는 법, 마케팅 전략 등이 담긴 책 중 평가가 좋은 10권을 골랐다. 교보문고 안에서 책을 읽을 수 있을 만한 받침대를 찾아 그 10권을 쌓아두고 한 권씩 읽어나갔다. 일주일 동안 하루 종일 서서 책을 읽었다.

그다음 책에 나온 대로 시도를 해봤다. '아이디어 불패의 법칙'이라는 책의 내용을 따랐다. 책에서 사업을 제대로 시작해보기 전에 유사

서비스를 운영해 보는 것을 추천하고 있었다. 학기 중에 생각해두었던 아이디어로 여러 시도를 해보았다. 대학생 대상으로 친구 연결을 시켜주는 서비스를 가장 먼저 생각했다. 오랫동안 비대면 수업을 받으며 대학교 친구를 사귀고 싶어 하는 수요를 발견했기 때문이다.

성격에 관한 설문 조사를 바탕으로 잘 맞는 친구를 매칭시켜주는 서비스를 시도했다. 대학교 커뮤니티에 서비스를 설명하고 사용자를 모집하는 글을 올리기도 하고 인스타 계정을 만들어서 홍보도 해봤다. 어려움을 겪었다. 생각보다 신청자가 없었고 인스타 계정이 사용자에게 차단을 당하는 일도 발생했다.

약간 형식을 바꿔서 책을 매개로 만남을 시켜주는 등의 시도도 해봤지만 비슷했다. 갈피를 잡지 못하고 있었다. 방학이 끝나기 전에 어떤 사업을 할 건지 부모님께 계획을 설명하기로 했으니까 답답하고 스트레스였다.

그러다가 B에게 카톡이 왔다. 정부 지원사업을 하나 알려주었다. '생애 최초 청년창업'이라는 지원사업이었다. 천만 원, 사무실 지원, 멘토 지원을 받을 수 있어 좋아 보인다면서 추천을 해줬다. 이걸 목표로 준비를 했다. 사업계획서를 작성해야 했다. 지원 기간이 10일이 남은 상태였다. 일단 책을 읽으면서 어느 정도 사업 형식에 대한 느낌은 잡은 상태였다. 구체적으로 내용을 어떻게 써야 할지는 유튜브를 찾아보면서 알아냈다. 핵심은 진정성이 있어야 한다는 점이었다. 그 사업을 계획하게 된 동기가 실제 경험에서 비롯되었고, 앞으로의 진행 계획을 정말 실천할 생각이 있어 보이는 게 중요하다는 사실을 파악했다. 그리고 대표자가 전문성이 있어서 그 사업을 진행하는데 적합한 능력이 있어 보여야 한다.

이렇게 파악한 점을 바탕으로 그나마 전문성이 있는 교육 쪽으로 방향을 잡았다. 실제로 경험에서 얻은 아이디어가 있었다. 학생 때도 그렇고 대학 이후에 과외를 하면서도 느낀 문제점이었다. 학원에서 과도하게 경쟁을 유발하고 학부모의 불안 심리를 자극하고는 한다. 그래서 학생 수준에 맞지 않는 수학 선행이나 심화학습을 시켜 학생의 학습 능력이 오히려 떨어지고, 그걸 다시 학원 수강으로 채우는 모습을 봐왔다. 수학 학습 능력을 상세하게 분석해 상담하고, 성취도를 지속적으로 피드백해주는 서비스를 만들면 이런 문제점을 해결할 수 있다고 생각했다.

이 아이디어에 정부 주관사업이 좋아할 만한 AI 요소를 추가해서 사업계획서를 작성했다. 책을 읽으면서 배웠던 고객 페르소나, SWOT 분석, 차별화 전략 등의 내용도 추가했다. 대표자 현황에 과외를 했던 경험에 대해 어필도 했다. 이렇게 작성을 해서 서류심사에 통과했다. 이 통과 내용을 근거로 부모님을 마저 설득했다.

그다음 발표에 통과하면 정부 지원을 받을 수 있었지만, 참여하지는 않았다. 일단 방학 동안 뭔가 눈에 보이는 성과를 내야 할 것 같아서 준비를 하기는 했지만 계획서대로 진짜 진행할 자신이 없었다.

게다가 사업과 책을 동시에 신경 쓰다 보니 효율이 나지 않았다. 그 상태에서 이걸 하는 건 아니다라는 판단을 내렸다. 그 대신 먼저 책에 집중하기로 했다. 내 인생의 터닝포인트가 되어준 이야기이기도 하고, 마음을 먹은 일을 꼭 끝내고 싶었다. 관심이 갔다가 그냥 관두는 경험보다는 무언가를 꾸준히 끝까지 해내는 경험이 끈기라는 엄청난 힘을 길러주리라 생각했다.

처음 겪는 나만의 하루

그렇게 휴학을 결정했다. 휴학을 하는 동안 과외, 알바가 아닌 생산자의 위치에서 경제활동을 해야겠다고 다짐했다. 의사를 하지 않고, 사업을 하면서도 생을 유지할 수 있다는 증명이 목표였다. 자동화 수익 구조를 구축하고 투자까지 한다면 시간의 힘을 빌려 자산을 늘릴 수 있다. 시간이 돈을 위해 일하게 한다면, 자유를 바탕으로 내가 하고 싶은 일을 하며 꿈을 이루는 삶을 살 수 있다. 부모님은 무조건 1년만 휴학하는 거라고 하셨지만, 나는 마음 깊숙이 생각했다. 내가 원하는 걸 위해서라면 어떤 기간도 괜찮다고. 할 수 있을 때까지 해볼 거라고.

다음 개강이 오기 전에 학교 홈페이지에 들어가 휴학을 신청했다.

클릭을 몇 번 하니까 자동으로 처리가 되었다. 몇 달간 고민하고 결심을 했기 때문에 별생각이 들지 않았다. 오히려 친구들에게 알리는 순간에 더 떨렸다. 이제 함께했던 소속에서 벗어나 나만의 길을 가야 하는 거니까. 조금 '다른' 사람이 되는 거니까.

외로운 길이 될지도 모르겠다. 하지만 이미 내가 원하는 삶의 방향을 깨달았는데 더 이상 망설일 이유가 없었다. 더 이상 덜 중요한 가치에 시간을 쏟을 이유가 없었다.

휴학을 하고 점점 시간이 흘러갔다. 나름 열심히 살아가는데 눈에 보이는 성과가 나지 않아 조급해졌다. 온전히 나만의 목표를 갖고 나의 시간을 보낸다는 것도 쉬운 일이 아니었다. 지금까지는 안 하면 뭔가 큰일 나는, 반강제적인 상황이 주어진 채로 공부를 해왔다. 이제는 외부의 압박 없이 나의 의지로만 열심히 해야 하는 상황을 맞닥뜨렸다. 스스로를 동기부여 하면서 생활하는 건 정말 어려운 일이었다.

점점 하루를 잘 보내는 나만의 방법을 찾아갔다. 초반에는 깨어있는 동안 계속 열심히 무언가를 해야 한다는 압박을 가지고 있었다. 하지만 무조건 빡빡하게 시간을 보낸다고 능사가 아니었다. 최대한 생산성 있게 시간을 보내고 많은 자유시간을 누려야 한다. 몇 시간 일할 건지 정해두고 그 시간에 높은 집중력을 발휘해 할 일을 해야 한다. 그리고 남은 시간에는 편안한 마음을 갖고 하고 싶은 일을 하며 여유를 누린다. 이런 방식을 썼을 때 하루에 대한 만족도가 가장 높았다.

하루의 루틴과 습관을 만드는 게 가장 중요하다는 걸 느꼈다. 하루의 루틴을 정해놓지 않으면 게을러지기 쉽다. 시간이 어떻게 가는 줄도 모르며 하루를 보내게 된다. 가장 먼저 취침시간과 기상 시간을 정했다. 12시부터 7시. 그리고 아침 루틴을 정했다. 위대한 성공을 이룬 사람들의 사례를 참고했다.

눈을 뜨면 오늘 할 일을 생각하고 기지개를 편다. 기분 좋은 일을 상상하며 오늘 하루도 잘 보내야지, 라는 다짐을 하고 자리에서 일어난다. 일어나자마자 침대 정리를 하고 물을 마신다. 바로 샤워를 하고 아침을 먹는다. 그 뒤 신문을 읽고 나면 9시가 된다. 2시간 동안의 간단한 루틴만 다 끝마쳐도 그날을 잘 보냈다는 성취감을 얻을 수 있다.

취침 전의 시간은 힐링을 할 최적의 시간이다. 우선 자기 전 30분 전에는 핸드폰을 쓰지 않는다는 규칙을 만들었다. 자기 전 유튜브 하나만 봐야지라고 생각하면 새벽이 되어버리기 너무 쉽다. 핸드폰을 쓰는 대신 나의 멘탈을 지키는 일을 했다. 그날의 목표를 다 하지 못하더라도 자책을 하지 않기로 다짐했다. 자책은 사람을 동기부여 하기보다는 기운을 빠지게 한다. 대신 성취하고 잘한 점에 대해 일기를 쓰며 스스로 칭찬을 해주었다. 일기에 그날의 경험과 깨달음을 적기도 했다. 하루하루의 성장이 글로 남겨져 오랫동안 볼 수 있어 좋았다. 그리고 명상을 하며 머리를 쉬게 해주고 내가 꿈꾸는 미래를 상상하며 잠에 들었다.

거기에 다른 사람의 시선이 의식되는 점도 힘들었다. '휴학하고 뭐해?'라는 말이 그렇게 듣기가 싫었다. 압박처럼 느껴졌다. 내가 사업을 하려고 휴학을 한다고 말을 해놨으니, 대단한 일이라도 하는지 보여줘야 할 것만 같았다. 가보지 않은 길을 걸어가는 건 힘든 일이었다.

그냥 의대를 다니면 졸업해서 이렇게 될 거라는 로드맵이 있다. 자신만의 길을 가면 미래가 어떻게 된다는 길이 안 보이지 않는다. 함께하는 사람도 보장해주는 사람도 없다. 사실 내가 잘할 수 있는 건 시험보기밖에 없는 거 아닐까 하는 불안을 계속해서 마주친다. 계속해서 스스로 할 수 있다고 다독여야 한다.

그래도 인터뷰에서 얻은 깨달음을 떠올렸다. 단기간에 성공할 수 없고, 완전히 실패할 수도 있는 거다. 그래도 괜찮다. 다른 사람들이 내

휴학에 대해 뭐라 생각하든 무슨 상관이야. 대부분은 별 관심도 없고 잠깐 궁금해하고 말 뿐이다. 뭐라 생각하던 내 인생에 아무런 영향을 주지 않는다. 내가 진심으로 원하는 일을 하고 있다는 자체가 의미 있고 가치 있는 일이다.

이렇게 마인드를 바꾸면서 심리적 부담을 덜 수 있었다.

나에게 충실한 삶

몇 달간은 책을 완성해 나갔다. 책을 출판하기 위해서는 출판사에 원고투고를 해야 한다. 유명 작가나 인플루언서이거나 혹은 인터넷에 글을 연재하다 보면 출판사에서 먼저 출간 제의를 하기도 한다. 그렇지 않은 나는 먼저 출판사에 내 책을 소개하는 기획서와 원고를 보내 선택을 받아 계약을 해야 한다. 이 과정에서 절망을 경험했다. 몇 개의 출판사에 메일을 보내봤지만 답장이 없거나 거절을 당했다. 부끄럽지만 솔직히 말하겠다. 머리로는 아니라고 생각했지만 마음 한구석에는 많은 출판사에서 연락이 오고 좋은 반응으로 베스트셀러가 될 거라는 기대가 있었다. 거절을 당하고 나니 실패에 대한 두려움이 몰려왔다.

책을 못 낼지도 모른다는 생각에 절망에 빠졌다. 잘 될 거라는 기대가 무너졌다. 단순히 책을 못 내는 것뿐만 아니라 내 글이 별로이고 매력이 없나 라는 자괴감에 빠졌다. 역시 나는 아직 책을 쓸 능력이 안 되는 건가, 무리한 목표를 잡은 건가 싶었다. 그리고 지금껏 쏟아 온 노력이 있는데 그건 다 수포가 되는 건가는 생각에 힘들었다.

감사하게도 이후 출판사에서 연락이 와 미팅에 나갔다. 미팅에 가서 그렇게 칭찬을 듣지는 못했다. '글에 통통 튀는 느낌이 부족하다', '요즘은 초판을 파는 일도 힘들다.' 그런 이야기를 들으니 내가 얻을 수 있는 눈에 보이는 성과가 없어 보였다. 인세로 돈을 벌기도 힘들 테고, 사람들이 많이 읽어줄지도 모르는 일이다. 가성비를 따지자면 정말 떨어지는 일이었다. 글을 더 쓰면서 마무리하는 과정도 힘들 것 같고, 단시간 내에 글쓰기 실력을 올려 재밌게 쓸 수 있을까 생각이 들었다. 그래서 그냥 포기할까 아니면 나중으로 미룰까 그런 생각도 들었다. 지금은 아직 준비가 안 된 것 같고, 나중에 내가 더 발전하고 사회적 인정도 받으면 더 잘 해낼 수 있지 않을까, 그런 생각이었다.

분명 처음에 약간의 거만이 있었다. 몇몇 잘 나가는 책을 보면서 어, 이 정도는 나도 쓸 수 있겠는데 싶었다. 그러다 책에 대한 아이디어가 떠올랐다. 당장 책을 쓸 수 있다는 생각에 일주일 정도 환상에 빠져있었다. 좋은 책이 완성되고 사람들이 좋아해 줘서 성과를 거두는 달콤한 상상. 그런데 뭐 이 상상은 오래가지는 않았다. 1달 정도 지나니 처음의 불꽃 같은 열정도 사라졌다. 그런 불꽃이 사라진 이후에는 지구력으로 버텼다. 마음먹은 건 끝내야겠다는 생각으로. 하지만 마음 한구석의 기대가 깨지고 아무런 성과가 없을지도 모른다는 걸 알고 나니 완전히 지쳐갔다.

원점으로 돌아가 '나는 왜 책을 내고 싶었던 거지? 에 대해서 천천히 생각을 해봤다. 약간의 거만? 성과에 대한 기대? 그게 전부는 아니었다. 언젠가 처음 책을 내고 싶다는 생각을 했던 계기는 내 글을 읽고 친구가 도움을 받았다고 고맙다고 말해주던 순간이었다. 그 말이 너무 좋고 행복했다. 그래서 나의 글로 많은 사람이 도움을 받았으면 좋겠다고 생각했고, 꼭 책을 내보고 싶다고 마음을 먹었다. 그 기억을 떠올렸다.

비록 글쓰기에 재능이 없다고 하더라도 나는 글이 좋다. 글을 잘 쓰고 싶다. 글이 가진 힘을 사랑한다. 문자의 나열로 사람들의 마음을 울리고 인생을 변화시키는 글이라는 게 정말 좋다. 그래서 마음을 다잡았다. 결국 지구력도 다 떨어지고 절망을 느꼈을 때 끝까지 나를 지탱해준 건 글에 대한 애정이었다. 그리고 이건 모든 업에 해당한다는 생각이 들었다. 어떤 일을 하든지 끝까지 해낼 수 있으려면 그 업의 본질에 대한 애정이 필요하다는 걸 깨달았다.

힘을 내서 책을 완성해갔다. 그 과정에서 또 얻은 게 있다. 바로 단단한 자아이다. 글을 쓰면서 계속 부딪히는 어려움이 있었다. '내가 지금 책을 쓸 자격이 되는 건가?'라는 의문이 머릿속에 맴돌았다. 아직 뚜렷한 성공을 이루지 못했으니 나의 이야기가 와 닿지 않을 수도 있겠다는 생각도 들었다. 그런데 책을 쓸 때 자신감이 가장 중요하다는 글을 보았다. 자신감을 갖기 위해 노력했다. 나는 이 책을 좋은 의도로 쓰고 있고, 독서도 열심히 하고 삶에 대한 고민도 많이 했으니 무언가를 알려줄 수는 있다고 생각을 바꾸었다.

내 글의 매력에 대해서도 고민했다. 세상을 냉정하게 직시하면서도 그 속에서 희망을 찾고자 하는 의지가 있다는 점이 좋다고 느껴졌다. 완벽하지 않더라도 지금 책을 내보고 싶다. 아직 인정받지 못한 22살의 이야기도 세상에 필요한 가치 있는 이야기라고 믿는다. 조금 서툰 글이더라도, 눈에 보이는 성과가 없더라도. 나의 책을 보고 단 한 사람이라도 감명을 받고 삶이 조금이라도 변화된다면 정말 기쁠 것 같다. 나의 가치를 스스로 믿고 나아가는 시간이었다.

휴학을 한 이후로 나의 하루하루가 소중하게 느껴진다. 매일 나에 대해서 알아가고 내 의지대로 생활하는 삶이다. 새로운 일에 도전하면서 두려움을 마주하고 이겨내며 성장을 즐긴다. 예전에는 다른 사람을 보며 조급해하거나 부러워했는데 지금은 그 누구도 부럽지 않다. 나의 삶을 충실히 살아가고 있기 때문인 것 같다. 앞으로도 이렇게 살아가고 싶다.

나의 첫 날갯짓. 이 책을 그렇게 부르고 싶다. 온전히 내 의지로 행동한 첫 번째 일이었다. 날다가 떨어져 죽어도 괜찮았다. 그 정도로 좋았다. 인터뷰를 하러 가면서도 설레었고, 만나서 이야기를 나누는 시간도 좋았고, 책을 쓰면서 고민하는 순간도 소중했다.

자신이 진정으로 원하는 걸 향해 달려가자고 감히 추천을 하고 싶다. 세상의 편견에서 벗어나야 한다. 돈 때문에 하기 싫은 일을 하고 있다면? 투자를 공부해보자. 사업을 해보면서 경제의 주인으로 살아가 보자. 높은 이상을 품고 세상에 도전해보자. 주위의 잣대에 휘둘리지 말고 나만의 삶을 살아보자. 세상이 정해준 길이 아닌 내가 원하는 길을 걷자.

나도 나의 삶을 열심히 살아가려고 한다. 고민을 멈추지 않고 치열하게.

마음속에 품어둔 꿈들. 더 이상 품어두지만 말고 이뤄보자.

'어나더 로드'에 당신이 꿈꾸는 성공이 있다.

에필로그

모두 거쳐 가면서 얻은 소중한 한 가지가 있다. 어떻게 살아야 할지에 대해 나의 주관이 생겼다. 나의 목표를 진지하게 생각하면서도, 그 과정을 즐기며 가볍게 걸어가려 한다.

가장 먼저 기본으로 경제적 기반을 갖춰야 한다. 그래서 첫 번째 목표는 경제적 자유이다. 사업과 투자를 통해 경제적 자유를 이룰 것이다. 부의 추월차선을 타기 위해서는 사업이 필요하다. 자동화 수입구조를 만드는 게 목표이다. 방법을 가리지 않고 돈을 벌어보면서 경제에 대해서 이해를 하려고 한다. 처음부터 무리해서 자동화 방식을 고집하거나 스타트업처럼 큰 기업을 만들려고 하지는 않기로 했다. 나만의 브랜드로 빠르게 수입을 얻어내는 것이 첫 목표이다.

무자본 창업 방식을 시작했다. 온라인 기반으로 가능한 사업을 선택해 초기 비용이 들어가지 않는 방법이다. 아이템을 하나 정해 관련된 책과 경험을 쌓으며 전문성을 기른다. 웹사이트를 만들고 SNS를 활용해 마케팅을 한다. 블로그에 관련 글을 써서 전문성을 보여주며 고객을 모은다. 그렇게 수요를 늘린 후 직원을 뽑아서 자동화 시킨다. 유명한 무자본 창업 방식이다.

그다음으로 당연하게 투자도 하고 있다. 투자는 지속적으로 부를 증진시킬 수 있는 좋은 방법이다. 현대 사회를 살려면 갖춰야 할 기본적인 소양이다. 그래서 꾸준히 공부를 하면서 연습을 해야 한다. 나중에 일정 정도의 부가 쌓이면 투자만으로도 먹고 살 수 있다. 돈을 더 벌면 부동산에 투자할 수도 있고, 어쨌든 계속 습관적으로 투자를 공부할 예정이다.

이렇게 미리 수입구조를 만들어 놓으면 시간을 이용할 수 있다. 시간이 지날수록 자산이 점점 늘어난다. 시간의 힘을 이용한다면 지금 400만 원을 버는 건 10년 후에 1000만 원을 버는 것과 비슷한 가치이다. 연 10%의 수익률을 가정해서 400 곱하기 1.1을 10번 하면 1000만

원이 된다. 내가 돈을 위해 일하지 않고 돈이 나를 위해 일하게 할 수 있다. 자동화 구조를 만들게 되면 복학을 하려고 한다. 내가 갖고 있는 자원을 최대한 이용해야겠다는 생각이다. 큰 회사를 만들기 위해서는 기술이 필요하다. 그리고 나는 인지과학에 관심이 있다. 의학을 배워 이쪽에서 전문성을 기를 것이다. 거기에 개발 공부도 병행하려고 한다. CEO가 개발을 어느 정도 이해하고 있는 게 훨씬 좋다는 사실을 들었다. 요즘 코딩을 가르쳐 주는 서비스가 참 많다. 그런 서비스를 이용해서 개발 공부를 할 수 있다. 복학하고 3년 동안은 이런 능력 키운 후, 실리콘밸리에 갈 것이다. 실리콘밸리에서 일하고 싶다. 예전부터 유학을 하고 싶었다. 더 넓은 세상을 경험하고 싶고, 해외에서 더 최첨단의 연구와 기술을 알고 싶다.

그다음 단계로 세계적인 기업을 만들 것이다. 인지과학과 관련된 기업을 만들고 싶다. 인지과학은 생명과학, 물리학, 철학, 심리학, 공학 등의 다양한 학문이 융합되어 있어서 매력적이다. 인간의 자유의지와 같은 철학적 주제를 과학적으로 탐구할 수 있다는 매력이 있다. 거기에 중요성이 높아지고 있는 치매와 같은 뇌 질환의 치료나 인공지능과도 연관이 있어 향후 미래에 큰 비중을 차지하는 산업이 될 것이다. 뇌과학 연구원이 되고 싶은 마음이 있었지만 망설였던 이유는 연구원이 되어도 내가 궁금한 연구는 하지 못할 것 같았기 때문이다.

요즘의 연구는 개개인의 역량이 아닌 자본의 영향을 받는다. 한 연구에 공동 연구로 많은 인력이 투입되고 최신 기술을 이용해야 하기 때문에 자본과 권력에 의해 연구 주제가 정해진다. 그래서 내가 나의 연구소를 차리고 싶다. 연구소를 가질 정도의 기업을 만들려면 세계적인 시장을 노려야 한다. 실리콘밸리에서 경력을 쌓은 후 이런 기업에 도전을 할 것이다. 돈이 안 되더라도 내가 궁금하거나 가치 있다고 생각하는 연구를 하고 싶다. 지식에 대한 열망을 채우고 싶다.

이 목표들의 이유는 자아실현이다. 무언가를 하고자 하는 소망이 나를 살아있게 한다. 내가 삼고 싶은 사회적 역할이 있다. '세상을 이롭게 하기'이다. 고통받는 사람을 도우며 사회에 긍정적인 영향을 미치고 싶다. 사업을 통해 더 좋은 세상을 만들 수 있다. 사람들의 고통을 해결하는 서비스를 만들 수도 있고, 사업으로 얻은 소득을 이용할 수도 있다. 장기적으로 각종 방법으로 사회의 문제점을 해결하기 위해 살아가고 싶다. 4장에서 말했던 중년층의 새로운 삶, 아동학대 등의 문제처럼 말이다. 사업을 통해 변화를 일으킬 수도 있고, 강연을 할 수도 있다. 또 홀로 숲에 들어가서 세상에 관한 연구를 하고 책을 내놓는 상상도 한다. 하고 싶은 일을 다 하면서 세상을 즐기고 싶다.

마지막으로 가장 중요하다고 생각하는 목표는 행복한 삶이다. 위에서 여러 목표를 말했는데, 저 목표들을 이루었다고 해서 삶이 드라마틱하게 바뀌거나 행복 폭탄이 쏟아지지는 않을 거라는 사실을 안다. 저 목표들을 무겁게 생각하지는 않고, 즐기려고 한다. 삶은 하루하루로 이루어져 있다. 하루를 잘 보내는 게 중요하다. 목표를 이루기 위해 꾸준히 열심히 노력하는 과정을 즐기면서 가볍게 살아가며 행복을 느끼려고 한다. 일상의 행복을 느끼면서.

불가능하다고 비웃어도 상관없다. 성과가 나지 않아 뭐라 하는 사람들에 흔들리지도 않는다. 이제 나는 나를 믿는다. 내가 꿈꾸는 모든 일이 다 가능하다는 사실을 안다. 어떻게 나만의 삶을 살아가야 하는지 안다. 내 앞에 펼쳐진 무한한 가능성을 온전히 누리면서, 새로운 경험을 마주하며 변화하는 나의 삶을 완전히 즐기면서, 그렇게 걸어가려 한다.

이런 나의 삶은 그 자체로 빛이 날 거니까.